本书出版获得西南石油大学青年教师"过学术关"项

网球运动训练技巧与管理方法研究

韩 飞 著

中国原子能出版社

图书在版编目（CIP）数据

网球运动训练技巧与管理方法研究／韩飞著. -- 北
京：中国原子能出版社，2020. 5 （2021.10重印）
ISBN 978-7-5221-0576-5

Ⅰ. ①网… Ⅱ. ①韩… Ⅲ. ①网球运动-研究 Ⅳ.
①G845. 2

中国版本图书馆 CIP 数据核字（2020）第 086582 号

网球运动训练技巧与管理方法研究

出版发行	中国原子能出版社（北京市海淀区阜成路 43 号　100048）
责任编辑	杨晓宇
责任印刷	潘玉玲
印　　刷	三河市明华印务有限公司
经　　销	全国新华书店
开　　本	787 毫米×1092 毫米　1/16
印　　张	13.125
字　　数	235 千字
版　　次	2020 年 5 月第 1 版
印　　次	2021 年 10 月第 2 次印刷
标准书号	ISBN 978-7-5221-0576-5
定　　价	58.00 元

网址：http//www.aep.com.cn　　　E-mail：atomep123@126.com
发行电话：010 - 68452845　　　版权所有　翻印必究

前　言

随着我国体育事业的不断发展以及民众对生活质量要求的提高，网球运动作为一项时尚高雅的健身运动，开始被越来越多的国人所接受与喜爱。各地也相继建设了各种网球运动场馆与俱乐部，为网球运动的推广提供了有力的支持。而在大学中，网球运动与教学也得到了广泛的开展，这对网球运动的发展和普及起到了很好的推动作用。

本书主要就网球运动训练技巧与管理方法展开深入研究，内容共分八部分：第一章就网球运动及其发展演变、网球运动的功能与分类、网球运动中的常用术语与礼仪以及网球运动基础理论与训练方法进行概括性的阐述；第二章主要对网球运动中的各项基本技术及训练技巧进行详细的论述；第三章对网球运动中的各项基本战术及训练技巧进行深入研究，包括网球单打战术及训练技巧、网球双打战术及训练技巧、底线型网球战术及训练技巧、上网型网球战术及训练技巧等；第四章对网球运动员身体素质与心理素质的提升方法进行详细的论述；第五章对网球运动员健康保障进行全方位的探讨，包括运动前的热身、运动中的营养补充以及常规伤病处理方法等；第六章主要对网球运动教学及评价进行详细的论述，包括网球运动教学原则、网球运动教学方法与内容、网球运动教学计划与实施以及网球运动教学评价等；第七章主要就网球运动赛事注意事项及裁判法进行详细阐述；第八章主要就网球运动基础设施及其管理进行论述。希望为读者了解网球运动中的各项基础理论与实践方法提供更全面的参考。

本书章节安排合理、逻辑条理清晰、图文结合、重点突出，并注重理论和实践的结合，适合想了解网球运动的普通民众、从事网球运动的专业教练和运动员、高等院校体育专业的老师和学生、各俱乐部和网球场馆的管理人员等参考阅读。

本书是作者在总结大量网球运动研究与实践经验的基础上，广泛收集当前有关网球运动的最新研究成果，进而撰写完成的。在撰写本书的过程中，作者采访了多所高等专业院校和专业的培训基地，许多专业教练和专职人员为作者提供了来自实战中的宝贵经验和意见，同时也得到了许多高校领导的热心帮助和大力支持。在此，特向所有参考文献的作者以及向作者提供帮助的学校领导和专业人士表示真诚的感谢。

作者水平有限，虽经多次修改完善，书中仍然难免有疏漏和不足之处，希望同领域专业人士和广大读者朋友批评指正。

作　者
2019 年 7 月

目　录

第一章 网球运动及其基本理论概述

作为一个在绿草、红土和硬地场上跳跃的精灵，网球以其独特的风格，吸引着越来越多的网球爱好者为之奋力奔跑、尽情挥汗。随着人们对于健康生活的追求越来越高，网球作为一项时尚高雅的健身运动，已经走进了我们的生活。本章主要就网球运动的起源、发展、功能、分类、术语、礼仪等方面进行阐述，为全书的研究奠定理论基础。

第一节 网球运动及其发展演变

一、网球运动起源

关于网球运动的历史渊源存在着很多的说法，实际上网球运动已经经过了许多个世纪的进化演变。在网球运动发展的最初阶段，它的玩法事实上在任何地方都是大同小异的，但因为各国不同的网球发展史，所以网球运动在不同的国家也被赋予了不同的名字。

对于网球运动的起源，最早可以追溯到 12—13 世纪法国传教士在教堂的走廊里玩的一种游戏，这可以说是网球运动的源头。当时的传教士为调剂单调的生活，常常在教堂的回廊或大厅里玩一种用手掌击球的游戏（图 1-1-1）。当时这种游戏被称为 "Jeu de paume"，意思为 "掌球戏"。后来，游戏不仅仅限于室内，更多的是在室外比较开阔的空地上进行，并通过在空地中间架设一条绳子为界，将玩游戏的人分在了绳子的两边。游戏时，双方用手掌来回击打一种裹着头发的布球，使之从绳子上方被打来打去。

在 14 世纪中叶，这种游戏作为法国皇室贵族的一种消遣活动，起初是在皇宫的大厅进行的，场地中间拉起一根绳，利用两手当球拍拍打球。后来，开始流行于法国宫廷中并传到了英国，供上层社会娱乐所用。因此，网球运动也被称为 "贵族运动"。15 世纪，这种用手击打布球的游戏方法逐渐被板拍所代替。

16 世纪，古式室内网球成为法国的国球。至此，古式室内网球有了自己的规则。同时，游戏用具也得到了一定的改良，如增加了球的耐用性，扩大了球拍拍面，加长了握把等。

图 1-1-1 早期网球游戏场景

17 世纪初，游戏用具得到了进一步的改良，主要表现在以下几个方面。

（1）场地中间的绳帘被小方格网子所替代，小方格网比绳帘作用更明显。

（2）板拍也被穿线的球拍所替代，富有弹性而且轻巧方便。

（3）游戏使用的球最初很柔软，主要由羊毛和麻制成，弹力非常小，这是由于当时的场地面积较小，加之当时游戏的主要对象是宫廷贵族，运动时都是着宫廷服饰，人们的跑动范围不大，所以对球的弹力要求也不高。随着这项运动的发展，人们对这项运动有了更高的要求，随着网球服装变得越来越轻便、场地的逐渐扩大，一种比较结实的、用皮革充填锯屑和细砂制成的球应运而生。

二、网球运动的特点

网球运动广受男女老少的喜爱，究其原因，是因为网球运动自身的特点所产生的魅力所致。这里，我们就对网球运动的主要特点展开详细的讨论。

（一）网球运动自身的特点

网球运动作为新时期的一项健身运动，除了其本身所具有的独特性和多样性以外，还具有一定的预判性，而且当参与者在亲身参加活动中时，要不停地移动并改变身体的姿势，以便把球击到对方的场地。同时，球有快慢、轻重、高低、远近、狠巧、飘转等变化，使运动本身充满了技艺性。

另外，网球运动作为世界四大绅士运动之一，其特有的魅力早已深入人心。网球运动参与者可根据自己的能力来确定打法，控制球的速度与旋转，因此对于参加者的体能要求并不太高，并且运动量可以得到有效的控制，所以网球运动可以使不同水平、不同年龄段的参与者都乐在其中，是一种老少皆宜的体育运动项目。随着人们生活水平的不断提高，人们对生活质量的要求也越来越高，参与网球运动的人数也在迅速增长，网球运动作为一种休闲娱乐的方式，已经走进了人们的日常生活中。

（二）网球运动比赛的特点

网球运动比赛，具有十分规范的体制与制度，这使得网球运动比赛的特点十分突出，具体阐述如下。

（1）竞争性。网球运动虽然是一种健身运动，但也是一种竞技运动，所以它也存在着一定的竞争性。这不光表现在赛事中，即使是在平时健身活动中，网球运动的竞争性也是参与者选择这项运动的主要原因之一。

（2）高度的公平性。网球运动由于规范的制度与体制，保证了网球运动公平性的特点。

（3）特殊性。网球运动比赛的特殊性除了计分方式的特殊性（采用的是15、30、40以及平分的计分方法）和比赛时间的特殊性（比赛的时间难以控制），还包括比赛强度较大等方面。网球比赛无论是平时的娱乐或是正式的比赛，只要双方的实力接近，要想决出胜负，都要很长时间，这对运动员的体能有着更高的要求。在比赛中，由于场地面积较大，以及对于球的预判，使得运动员长时间处于精神集中的跑动状态下，有时会因为运动员体能储备不足而导致伤病现象的发生，从而影响个人的状态和发挥，进而影响比赛成绩。例如，四大满贯的比赛为男子5盘3胜，女子3盘2胜，一场比赛的时间约在3～5个小时。并且，由于网球本身的技术要求和各种客观因素的影响，运动员需要大量的挥击与跑动。由此可见，网球运动的比赛强度较大。另外，网球运动对运动员心理要求也较高，尤其是对于心理变化的自我调节，是运动员稳定发挥的重要前提。优秀的网球运动员不仅要有很强的责任感和坚定性，还要具有以下特点。

①信心。情绪稳定，对自己的实力充满信心，有强烈的竞争意识，有克服种种困难的非凡勇气。

②勇气。在大赛中不畏强手，敢于拼搏等。

（4）观赏性。网球比赛赛制和赛程的日益规范、完善使得职业网球比赛越来越多。尤其是随着网球运动员技术水平的不断提高，网球比赛也越来越精彩，由于网球运动的技术千变万化，进攻时似高屋建瓴、势如破竹；

谨慎防守时似绵绵细雨、固若金汤，一切都在展示着网球运动的力与美。通过对运动员在竞技或比赛中的精湛技艺和顽强精神的欣赏，观众们可以从中受到情感的陶冶，这在很大程度上提高了网球比赛的观赏性。

另外，作为当今世界的热门体育项目，网球运动除了本身特有的魅力之外，赛事频繁、奖金丰厚，也是人们热衷于网球运动的重要因素之一。

三、网球运动的发展及未来趋势

（一）网球运动的发展

16—17世纪，网球活动在法国和英国宫廷颇受欢迎，由起初的皮制手套击球逐渐演变成木制球拍；再后来出现了穿线球拍，场地中拉起的绳帘也被小方格网子所替代。当时的网球运动不再是一种单纯的娱乐游戏，而逐渐成为一种比赛形式。网球运动的主要发展过程如下。

（1）1858年，英国人哈利·梅姆在英国伯明翰一位朋友的草地上建造了一个网球场。并在1872年创建了莱明顿网球俱乐部，扩大了网球游戏的影响，促进了早期网球运动的形成与开展（图1-1-2）。

图1-1-2　早期的网球运动情景

（2）1873年，沃尔特·克洛普顿·温菲尔德少校（Waiter Clapton Winfield，图1-1-3）在英国改进了早期的古式网球打法，使之成为一种在草坪上进行的、男女都可以参与的娱乐运动，称其为司法泰克（Sphairistike），意思为击球的技术，并出版了《草地网球》（Lawn Tennis）一书，对这项运动做了详细的介绍，提出了一套接近于现代网球的打法。此后，草地网球很快成为了英国上层社会流行的户外活动，网球发展成了一项室内、户外都能进行的体育项目。

图 1-1-3　温菲尔德少校

（3）1874 年，温菲尔德又对网球场地的大小和球网的高低进行了规定，并在英国举办了简易的草地网球比赛。由于对近代网球运动所做的这些贡献，温菲尔德获得了英国女王维多利亚勋章，他也由此被誉为"近代网球运动之父"。后来，他的半身雕塑像也被立在了伦敦草地网球协会会址。同年，美国人玛丽·奥特布里奇女士，从百慕大的英国陆军军官手里买了网球器材，并将其带回美国，拉开了美国网球运动的序幕。

（4）1875 年，英国的板球俱乐部建设了一片草地网球场并制定了网球比赛相关的规则，司法泰克正式被草地网球所替代。

（二）网球组织和主要赛事的发展

1877 年 7 月，全英俱乐部在英国伦敦郊外的温布尔登举办了第一届温布尔登草地网球锦标赛，共有 22 名男选手参加，一位来自哈罗公学的名叫斯班赛高尔的学生夺得冠军，并获得了冠军奖杯"挑战杯"。这标志着网球运动从休闲娱乐跨入到了竞技运动时代。

在第一届温布尔登草地网球锦标赛中，当时的球场是长方形的（图 1-1-4），长 78 英尺（23.77 米），宽 27 英尺（8.23 米），发球线离中间网距离为 26 英尺（7.92 米），网中央高度为 3 英尺 3 英寸（0.99 米）。

另外，亨利·琼斯同另外两个人为这次比赛制定了全新的规则，他本人担任了比赛的裁判。比赛采用中世纪古老式计分方法，0 分叫"Love"，胜 1 分叫"15"（Fifteen），胜 2 分叫"30"（Thirty），胜 3 分叫"40"（Forty），平叫"Deuce"，这三个数字是参照天文的六分仪而来。当时的网球赛每局就 4 分，采用 15 为基数以计算每一分球的得失。至于 45 改成40，是为了报分时发音简便清晰。现在网球比赛所采用的网球规则基本上是 1877 年 7 月温布尔登比赛的规则。可以说，亨利·琼斯是现代网球的奠基人。

图 1-1-4　早期的网球场地

1878 年，第一次男子双打锦标赛在英格兰举行。

随着时代的发展，网球也得到了一定的发展与变化，具体表现为：

（1）网球拍的发展。由木制球拍发展到由各种高科技材质制作而成的球拍，且重量、质量、形状等方面都有很大的变化。

（2）球的发展。球也由原来的小布球逐渐发展到胶皮球、橡皮球。

基于这些条件的发展，现代网球正式形成，并很快在欧美盛行起来，成为一项深受大众欢迎的球类运动（图 1-1-5）。

图 1-1-5　1880 年网球场上的男士和女士

1881 年，美国全国草地网球协会（世界上第一个全国性网球协会，"全国"两字于 1920 年取消）宣告成立，并在罗得岛纽波特港举行了第一届美国草地网球锦标赛，设有男子单打和男子双打两项，参加比赛的有 26 人。之后，每年一度的"全美草地网球锦标赛"一直持续到 1914 年。这就是现在的"美国网球公开赛"的前身（图 1-1-6 为美国网球公开赛的图标）。

图 1-1-6　美国网球公开赛的图标

1884 年，在温布尔登网球锦标赛中，第一次增加了女子单打项目，共有 13 名女选手参赛，玛蒂·沃森技压群芳夺得此次比赛的冠军，这也是温布尔登历史上的第一个女单冠军。

1891 年，法国在巴黎举行了第一届男子单打和男子双打网球锦标赛，参与者限于法国公民。直到 1925 年才有外国球员参加，成为公开赛。

1896 年，在第 1 届雅典奥运会上，网球男子单打与双打就被列为正式比赛项目，后来由于对"业余运动员"定义上的分歧，在其后的奥运会赛事中，网球项目连续七届都被国际奥委会取消。

1900 年，21 岁的美国网球运动员戴维斯捐赠了一个当时约值 800 美元、重 6.2 千克的黄金衬里纯银大钵，也就是后来国际网坛声誉最高的"戴维斯杯"。

1901 年，温布尔登开始接受外国选手参赛，1905 年正式开放。

1904 年，澳大利亚草地网球协会成立，并于 1905 年举办了澳大利亚公开赛（其赛事图标如图 1-1-7 所示），比赛设男子单打、男子双打两个项目。它与法国网球锦标赛、英国温布尔登网球锦标赛、美国网球锦标赛合在一起，便是国际网坛上最有声望的"大满贯"赛事。

大满贯赛事起始年代、比赛时间、场地、地点，具体如下。

（1）温布尔登网球公开赛（男子）。起始年份是 1877 年（女子为 1884 年），比赛时间是 6—7 月，场地类型是草地，比赛地点是在英国伦敦温布

图 1-1-7　澳大利亚网球公开赛图标

尔登。

（2）美国网球公开赛（男子）。起始年份是 1881 年（女子为 1887 年），比赛时间是 8—9 月，场地类型是人工橡胶场，比赛地点是在美国纽约林山。

（3）法国网球公开赛（男子）。起始年份是 1891 年（女子为 1897 年），比赛时间是 5—6 月，场地类型是红土场，比赛地点是在法国巴黎奥太伊。

（4）澳大利亚网球公开赛（男子）。起始年份是 1905 年（女子为 1927 年），比赛时间是 1—2 月，场地类型是人工橡胶场，比赛地点是在澳大利亚墨尔本。

1913 年 3 月 1 日，世界网球的最高组织——国际网球联合会（ITF）在巴黎成立，总部设在伦敦。国际网球联合会（图 1-1-8 为 ITF 图标）的成立，是网球运动发展史上的重要里程碑。1980 年，中国网球协会被接纳为该会正式会员。

图 1-1-8　ITF 图标

1922 年，"全英俱乐部"迁至位于温布尔登镇丘奇路的新会址，"全英草地网球锦标赛"每年在此举行，这就是世界闻名的"温布尔登草地网球锦标赛"。温布尔登网球锦标赛（温布尔登网球锦标赛图标，如图 1-1-9 所示）是现代网球史上最早的比赛，在每年的 6 月最后一周至 7 月初定期举行。但由于受两次世界大战的影响，温布尔登网球锦标赛有 10 次被迫停赛。

图 1-1-9　温布尔登网球锦标赛图标

1923 年，美国人怀特曼创办国际女子团体赛"联合会杯"赛，当时仅是英、美两国之间的比赛。1938 年，澳大利亚霍普曼等人倡议举行国际女子团体赛，直到 1963 年才被"国际网球联合会"采纳，这就是"联合会杯"国际女子团体赛的由来。

1928 年，法国以第一次世界大战法国空军英雄罗兰·加洛斯的名字命名，建成了法国网球中心（图 1-1-10）。20 世纪 20 年代，法国男女运动员的出色表现大大提升了"法国网球锦标赛"的国际知名度。之后，"法国网球锦标赛"在每年的 5 月底到 6 月初在巴黎西部布格涅森林边的罗兰·加洛斯网球城举行。图 1-1-11 为法国网球公开赛的图标。

1945 年至 20 世纪 60 年代，网球趋向职业化。

20 世纪 70 年代以后，科技在球拍等器材制造中的应用，促进了网球运动器材的生产、技术水平的提高。

1968 年，温布尔登取消了职业选手与业余选手的界限，首先实行不区分业余选手和职业选手的参赛制度，开创了职业网球巡回赛的先河。

1972 年，国际男子职业网球选手协会（ATP）成立（图 1-1-12 为 ATP 图标更新），总部设在美国的佛罗里达。ATP 主要职责是协调各赛事和职业运动员之间的伙伴关系，并负责组织和管理职业选手的积分、排名和奖金分配等工作。

图 1-1-10　法国罗兰·加洛斯网球场

图 1-1-11　法国网球公开赛图标

1973 年，国际女子网球协会（WTA）成立。WTA（图 1-1-13 为 WTA 图标更新）是世界女子职业网球选手的自治组织，总部设在佛罗里达的圣彼得斯堡。WTA 负责协调与选手有关的一切事物，包括与赞助商、赛事主办方之间的关系，管理职业选手的积分、排名、奖金分配等事宜。WTA 的主要职责是组织网球职业女子选手的各种比赛，负责的比赛包括 WTA 的年终总决赛、各项公开赛、巡回赛等。

（a）2001 年　　　　　　（b）2009 年

图 1-1-12　ATP 图标更新

1984 年，在洛杉矶举行的第 23 届奥运会上，网球比赛被列为表演项目。

1988 年在汉城奥运会上，网球又重新被列为奥运会正式比赛项目。

（a）WTA 旧标志　　　　　　　　（b）WTA 新标志

图 1-1-13　WTA 图标更新

（三）网球运动的未来趋势

新时期的网球运动正逐渐向着技术化、商业化、普及化和国际化的方向发展，这也是网球运动未来的发展趋势。下面，我们就对网球运动的这几个主要趋势展开讨论。

1. 技术化

由于各种网球运动比赛的火热开展，使得网球运动员对于各种打法有了更多的追求，整体趋向于技术的全面发展。新时期网球技术的打法开始从早期的稳定防守型向进攻型转变。发球力量大、速度快，且旋转多变的网球技术正在被更多的运动员所重视。其中，正反手技术的日趋平衡，使得加力上旋抽击技术被普遍采用，这在很大程度上加强了球的旋转速度以及落地后的前冲性。网球技术方面的主要趋势包括以下几个方面。

（1）底线型打法成为主流。随着网球运动的不断发展，网球运动的主流技术也在不断地发生转变。尤其是近些年的网球比赛中，运动员的各方面技术都有长足的进步，尤以接发球技术最为突出。比赛中主要的得失是在相持阶段，运动员运用精湛的底线技术与对手打拉锯战，并且在底线对抗3小时以上已属常见。所以，底线型打法已经成为目前网坛打法中的主流趋势，底线型网球技术在未来几年内也必将得到长足的进步和发展。

（2）步法快速灵活、体能储备充足。随着底线型打法逐渐占据网坛的主导地位，对于网球运动员也提出了更高的要求。由于底线型打法需要更多的跑动与力量，所以运动员的步法和体能在比赛中就显得尤为重要，成为了运动员取得胜利的重要影响因素。运动员需要根据自身条件和具体情况，针对步伐和体能着重加强训练。尤其是快速灵活的步法尤为重要，主要表现在以下两个方面。

①快速灵活的步法可使运动员及时、准确地找到最佳击球点，提高回球质量。

②快速灵活的步法还能救起许多对手认为是制胜球的来球，从而在技术和心理上不断给对手施加心理压力。

（3）心理稳定、意志顽强。随着现代网球运动员职业化进程不断加快，各国教练员运用了大量科学手段，对运动员各方面的潜力进行最大限度地挖掘，而运动员心理素质的稳定更是重中之重。在运动员身体、技术等方面都十分相近的情况下，稳定的心理素质和顽强的意志品质是获胜的关键。

（4）女子技术力量化趋势。在女子网坛中，力量型选手占主导地位是一个比较明显的趋势。世界女子职业网球协会排名前几位的选手，无一不是力量型选手的杰出代表。像美国的大威廉姆斯，她的发球速度可以达到每小时200公里以上，令许多男子选手都望尘莫及。所以说，女子技术力量化是女子网球运动的主要发展趋势。

另外，在许多重大网球比赛中，由于运动员之间的技术水平差距不大，导致比赛中的攻防经常转换，这要求运动员对技术的处理要更加精细、战术的使用要更加灵活多变。随着网球运动的发展，网球运动技术将会不断地得到完善与发展，运动员之间的较量也将越来越精彩。

2. 商业化

网球运动的商业化已经初露头角，赛事赞助、网球娱乐和网球产品等消费市场的火热必将成为未来几年的发展趋势。主要表现如下。

（1）网球娱乐的消费市场。网球娱乐方面的消费包括比赛门票的消费、其他市场的消费（如比赛时的饮食、纪念品上的消费等）以及赛事中参与消费的人均消费等。

（2）网球产品的消费市场。网球产品方面的消费主要是来自团队、机构、运动员和网球爱好者的消费。网球运动是体育休闲产业的助推器。根据网球产业协会统计，每年网球拍、球、辅件等产品的批发额为2.4亿美元，网球专用服装销售额为19亿美元，美国的网球产业价值达到了58亿美元。据《经济学人》预计，到2020年，中国网球人口有望超过3000万，中国网球产业潜力无限。而且，某些大型的网球产品企业，还会花费巨资来找一些著名选手作为产品的代言人。

另外，网球比赛的场馆和赛事赞助市场也是商业化的主要内容。网球赛事作为网球运动的主要关注点，是网球最大额度的经营。对于每场比赛的冠名赞助盈利，是非常可观的，尤其是网球运动中的四大赛事的赞助商，最有代表性。

3. 国际化

由于现代网球运动的迅速发展以及国际赛事的重大影响，网球运动正逐渐向国际化的趋势发展，其主要体现在以下三个方面。

（1）网球赛事的国际化。网球运动在全球范围内的赛事有很多，其中仅三大网球组织全年主要的国际网球赛事就达数百个。众多的赛事分布在世界各地，无论是在地域还是在时间和空间上，覆盖面积都非常广，这使得网球运动已经成为全球化的比赛项目，其未来的赛事必将会更加国际化。相对于网球运动发展成熟的国家而言，我国网球发展水平比较落后，并且由于网球运动规模和影响力较小，所以在国际大赛中网球运动的成绩还不够理想，我国网球职业选手的数量也明显处于劣势。但是，近年来随着中国经济的快速发展，使得在中国举办影响力较大的网球赛事逐渐成为现实，尤其是上海在2002年成功举办了大师杯，2009年还举办了上海大师赛，是最年轻的ATP大师赛级别赛事。

（2）网球观众的国际化。1925年电视机的诞生，彻底改变了人们的生活与认知习惯。在此之前，一场网球运动比赛的观众最多两三万人，但随着网球赛事的播出，网球观众开始呈现几何级数的增长。电视转播极大地提高了网球运动的影响力，使更多的人开始认知网球、了解网球，进而喜欢上网球。伴随着世界各国文化、经济的融合，网球观众的国际化已经初见端倪，并终将成为现实。

（3）网球人口的国际化。随着新时期的网球运动在全世界范围内的推广和普及，极大地增加了网球运动的人口，更多的国家涌现出了更多的网球运动高手，打破了原来由一人长期称霸网坛的格局，并且随着网球运动的普及、训练水平的提高，使得更多的网球明星迅速崛起，形成了群星灿烂的新局面，这对网球运动的发展是一种极其重要的推进力量，促使着网球运动向着水平更高，观赏性更强的方向发展，这也是世界网坛竞技场上的一种必然趋势。而基于这种趋势，网球运动必将吸引越来越多的人参与进来，在未来的发展中，网球人口的国际化也必将成为现实。

第二节 网球运动的功能与分类

网球的魅力是无穷的，它孕育着丰富的文化、教育、智慧和艺术，承载着奥林匹克的思想和精神。本节主要对网球动动的功能与分类进行深入研究，为网球爱好者更全面地了解网球运动提供基础的理论知识。

一、网球运动的功能

长期从事网球运动，不仅可以提高人体肌肉力量、协调性和灵敏性，改善神经系统、内分泌系统和代谢系统的功能，而且还能促进人与人之间的沟通与交流，培养人们形成良好的道德品质，是老少皆宜的运动项目。其主要功能包括以下几个方面。

（一）健身功能

网球运动是一种群众性很广、男女老少皆喜爱的球类运动，从少年儿童到白发老人都可以打网球。网球运动以身体练习为主要手段，通过人体直接参与并承载一定的运动负荷，从而达到健身的目的。

1. 促进人体健康发展

网球运动在促进人体健康发展方面起着非常重要的作用。首先，经常打网球可以锻炼神经系统的功能，使神经系统的灵活性和持久性得到很大程度的提高，增强记忆力。其次，经常打网球能有效促进运动系统的功能，加强骨骼的新陈代谢功能，改善人体骨骼肌，改善循环系统。再次，经常打网球能够使心脏得到较好的锻炼，使心力储备和心肌收缩功能增强，从而可以提高人体最大吸氧量。最后，网球运动还可以增强心肌合成代谢，增加心肌收缩蛋白，并使得心肌纤维有不同程度的增粗肥大，进而使心肌细胞的功能活动增强，达到改善呼吸系统的目的。

2. 减肥

因为网球运动主要是有氧运动，练习过程中消耗的能源物质是以消耗脂肪为主，所以网球运动可以有效地促进人们减肥目的的达成。一般来说，在进行网球运动的过程中，最基本的运动就是跑步。但是，网球运动中的跑步与一般的跑步有很大的区别，网球运动需要集中精力，不会枯燥乏味，反而具有无穷的乐趣，一旦喜欢上了就难以放弃。因此，网球运动是一种非常理想的减肥方法。网球运动减肥过程中，需要注意遵守循序渐进的原则，不可长时间的运动或者过分增加运动量，必须适当地控制运动量，执行健康而有效的减肥计划。当你的体重减轻的时候，你就会发现肌肉也变得更加结实、健美。

3. 有效防治疾病

研究表明，经常进行网球运动不但可以有效减少乳癌、心脏病、糖尿病的患病机会，而且还可以使运动者更加健康、长寿。经常打网球的人，会给人一种积极向上的感觉，他们总是保持着积极乐观的心态，这可以十分有效地防止各种疾病的发生。研究人员发现，常打网球的人血液循环较好，肝的代谢功能也好，这有助于避免脂肪肝的发生。而且，根据相关报道，一周内网球运动 3 小时以上，可降低 35% ~ 40% 患心脏病的风险；一周内运动 7 小时以上，可以降低 20% 的乳癌患病率。另外，经常打网球还能有效预防动脉硬化，改善腰、肩疼痛（经常打网球，可以锻炼全身肌肉）。并且对其他疾病也有很好的防治效用，如防治糖尿病、预防骨质疏松症以及远离老年痴呆等。限于本书篇幅，此处不再进行详细介绍，有兴趣的读者，可参考相关资料文献。

4. 有利于中老年人延年益寿

随着生活水平的提高和平均寿命的延长，中老年人对于健康的追求也已成为新时期的关注点。中老年人参加体育锻炼，需要掌握科学的方法，既要了解运动性质，又要适合自身的能力，只有进行适宜自己的运动锻炼才能达到良好的效果。

和其他的运动项目相比，网球运动的练习强度小，更适合中老年人运动。而且，打网球多在露天环境中进行，空气清新宜人，人们的心情轻松、愉快，很容易消除中老年人的疲倦之感，心情自然也会变得轻松愉快。

中老年人在进行网球健身时，也需要注意循序渐进，切勿急于求成，盲目乱练，更不可进行过量的剧烈运动，主要原因如下。

（1）过量的剧烈运动会造成心脑血管对心脏、大脑、消化系统、泌尿系统的供血不足。

（2）过量的剧烈运动会造成肺过度通气，体内氧化不全，造成组织缺氧，对健康并无好处，甚至会引发心脑血管意外。

中老年人进行网球健身时，每次锻炼一般以 30 分钟左右为宜。在一年四季中，夏季炎热，锻炼时间安排要短一些；冬季寒冷，每次锻炼时间应适当延长些。参加体育锻炼之前，最好做一次全面体检，以便根据自己的体质情况合理地选择锻炼项目和运动强度。

中老年人健身还要做到持之以恒，切忌"三天打鱼，两天晒网"。选择项目不宜过多，哪怕只有一种或两种，只要长期坚持，便会受益无穷。

（二）教育功能

网球运动对影响并改良人们的生活方式，具有十分积极的教育意义，具体如下。

（1）培养人们礼仪的功能，如择机捡球、发球示意、终场友好握手等。

（2）培养人们团结协作的功能。网球运动是一项非常讲究团结协作精神的运动项目，打网球能够培养人们团结协作的精神。

（3）培养人们意志品质的功能。网球运动需要运动者具有顽强的意志品质去应对紧张激烈的比赛，通过比赛能使参与者的意志得到磨炼。

（4）培养人们自信的功能。网球运动要求参与者要相信自己，通过学习优秀选手的技战术和自己的刻苦锻炼，能够逐步掌握网球技战术的核心，进而提升自己的自信心。而且在网球比赛中，网球运动员必须对自己充满信心，在保证情绪稳定的同时，还要有克服各种困难的勇气，这样才能发挥出其应有的水平。

另外，网球运动还能有效培养人们拼搏进取的作风，提高人们克服各种困难的勇气，培养人们公平公正的思想作风，培养人们诚实守信和光明正大的良好品德。

（三）经济功能

网球运动的经济功能主要体现在以下几个方面。

（1）受众广泛。关于网球运动的各种巡回赛、卫星赛及大师赛吸引了无数的球迷、电视观众和众多的赞助商。

（2）代理竞争。职业球员广告代理商们的广告大战充斥了整个赛场，激烈程度有时不亚于场上激烈的比赛。

（3）球员价值。网球明星一年的出场费、比赛奖金、广告费少则几百万，多则上千万美元。美国的阿加西、桑普拉斯的个人资产甚至能达到好几个亿美元。俄罗斯的库尔尼科娃虽说世界排名不高，但她的年收入也一度达到了1200多万美元。

（4）冠名赞助。网球场成为世界各知名体育厂商争夺的主要战场，各种赛事的冠名赞助竞争激励，包括运动员服装、场地设备、运动设备、维护设备等。

（5）相关收入。每年各大公开赛的广告收入、门票收入、赞助费、电视转播收入等，都给承办方带来了非常丰厚的经济效益。

二、网球运动的分类

自第一届温布尔登草地网球锦标赛以来，网球运动已经有100多年的历史，发展到今天，网球运动已经有了很多分类，主要有硬式（草地）网球、软式网球、短式网球、沙滩网球以及轮椅网球等。其中，硬式（草地）网球是常规的主流形式，人们接触的最多。

（一）硬式（草地）网球

1. 硬式（草地）网球起源与发展

目前，国内人们对网球了解最多的就是我们所看到的最常见的那种在塑胶场地内进行的网球运动。业余爱好者大多数也是进行这种网球运动，这种网球运动通常被称为硬式网球，是目前国内最流行的大众体育项目之一。

网球最初起源于法国。而后在1873年，由沃尔特·克洛普顿·温菲尔德上校对早期的网球打法进行了改进，使之成为了能在草地上进行的运动，称为"草地网球"。但因为草地网球所使用的场地存在较多限制，无法在世界范围内推广使用，所以人们把运动场地改为了塑胶场地。后来，这种在塑胶场地上进行的网球运动被人们称为"硬式网球"。1896年，在第1届雅典奥运会上，网球男子单打与双打就被列为正式比赛项目，后来由于国际奥委会和国际网球联合会在"业余运动员"的定义上有分歧而被取消。直到1988年在汉城奥运会上，网球比赛才又重新被列为奥运会正式比赛项目。

2. 硬式网球规格及比赛方法

硬式网球的网球是用胶皮制作，球外部用纺织材料统一包裹，颜色为白色或黄色，接缝处无缝线痕迹。网球直径为6.5～6.85厘米，重量为56.7～58.5克。网球拍一般用碳纤维材料和铝合金材料制作，拍长大约69厘米，重量为350～400克，拍头呈椭圆形。网球场地的标准尺寸是长为

23.77 米，宽为 10.98 米，在球场安装网柱，柱间距是 12.80 米，场地一般可分为草地场、红土地场和塑胶场三种类型。

硬式网球分为双打和单打，以单打为主，一般采用三盘两胜制，每盘六局，每球以 15 为计数单位。双打中由队友两人轮流发球，每人一局。

（二）软式网球

1. 软式网球的起源与传播

软式网球是从硬式（草地）网球派生出来的一种运动，因球是橡胶制成，比硬式网球轻软而得名。软式网球的设备，如图 1-2-1 所示。

（a）球拍　　　　　　　　　　（b）网球

图 1-2-1　软式网球的球拍和网球

软式网球的发展历程，具体如下。

（1）1898 年，软式网球在日本列为正式运动项目。

（2）1904 年，软式网球形成了统一的比赛规则。

（3）1923 年，日本举办了第一届全日本软式网球锦标赛。

（4）日本首先把软式网球介绍到韩国和中国台湾省。

（5）1973 年成立了世界软式网球联盟。

（6）1975 年 10 月，在美国夏威夷成功举办第一届软式网球锦标赛。

（7）1988 年 2 月，在日本东京成立了亚洲软式网球联合会。

（8）1990 年，在北京举行的第十一届亚运会上软式网球被列为表演项目。

（9）1994 年，在日本广岛举办的第十二届亚运会上，软式网球被列为正式比赛项目。

2. 软式网球比赛的方法

与硬式（草地）网球比赛方法有所不同，软式网球比赛的主要方法包括以下几个部分。

（1）比赛的开始（发球与场地的选择）。正式比赛开始前，通常由裁判以投掷硬币的方式决定双方球员的选择权，选择权包括选择发球权、场地或者要求对方球员选择。

（2）比赛的进行。比赛的进行主要包括以下几部分内容。

①主裁判发布预备的口令时球员站好位置，开始的口令发布后则进行比赛。

②一局的胜负以 4 分领先决定。双方运动员 3 比 3 时为平分，需要净胜 2 分才算胜该局。发球和接发球在每一局结束时做交替，单数局结束双方运动员更换场地。

③比赛时以 7 局或 9 局为一盘。

④比赛的结束要依主裁判宣告。

（三）短式网球

短式网球是国际网坛为解决传统教法导致的网球难学的问题，针对儿童身心发育特点和负荷能力，依循网球原理以及"启蒙小，成长早"的大趋势下产生的一种儿童网球运动，是公认的关于儿童训练的最理想方法。

我国在现行的标准球场上，增加了形似正规网球场的发球区，每片发球区长 3.7 米，宽 3.05 米。见图 1-2-2。

目前，在大多数国家中，一般都是采用短式网球教学渐进的场地设计。主要有以下几种场地，如图 1-2-3 所示。

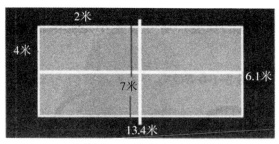

（a）国际草地网协制定的球场标准

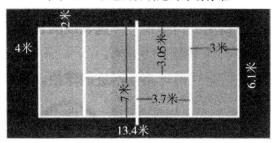

（b）我国制定的球场标准

图 1-2-2　短式网球的球场标准

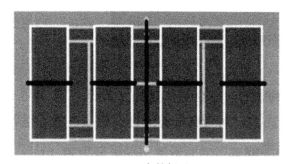

（a）11 米的场地

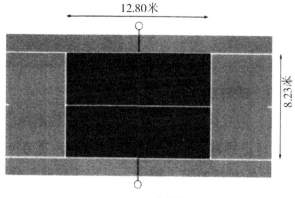

（b）12.80 米的场地

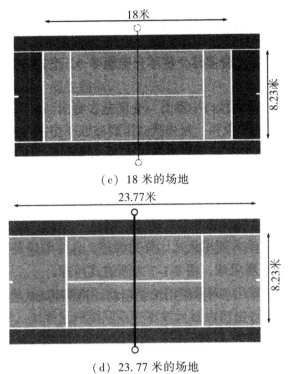

（c）18 米的场地

（d）23.77 米的场地

图 1-2-3　短式网球教学渐进的场地设计

　　儿童可以根据年龄大小和自身的力量条件选择适合的球拍。选择时，要掌握"宁轻勿重"的原则，切忌儿童使用成人或超出自身力量负荷能力的球拍参加短式网球练习。一般可以采用网球教学渐进的球拍，如图 1-2-4 所示。

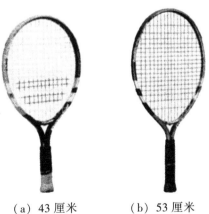

（a）43 厘米　　　（b）53 厘米

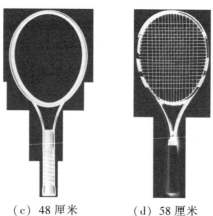

（c）48 厘米　　　　（d）58 厘米

图 1-2-4　短式网球教学渐进的球拍

现国内外一致认同，短式网球教学的专用球，应该根据儿童的不同年龄、不同阶段，来选择相应用球，最后用正式比赛的网球。具体顺序为：充气球、海绵球、软球、中速球、三色球、正规比赛用球，图 1-2-5 为渐进式用球。球网多采用简易器材，网高为 80 厘米，如图 1-2-6 所示。

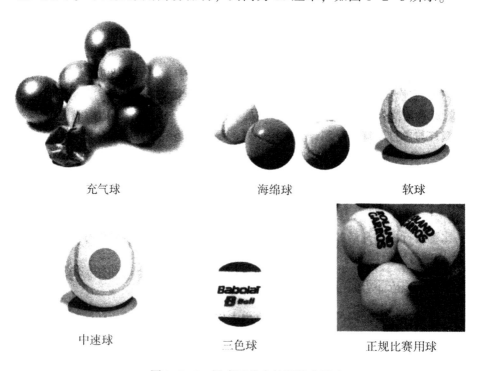

充气球　　　　　　　海绵球　　　　　　　软球

中速球　　　　　　　三色球　　　　　　　正规比赛用球

图 1-2-5　短式网球中的渐进式用球

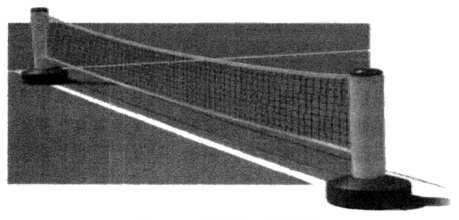

图 1-2-6　短式网球中的简易球网

（四）沙滩网球

沙滩网球融合了排球的趣味性和社会性，以及网球的快节奏，是世界最热门的新兴运动项目。沙滩网球的主要场地是在沙滩上，也可以在沙土、草地、硬木甚至是雪地等其他场地。和网球相比，它简单易学，只要打过平台网球或羽毛球，就会打沙滩网球，所以老少皆宜。沙滩网球兼具竞争性和娱乐性，可以让你体会到难以想象的激情和乐趣，时尚感十足。2014年5月，首届中国沙滩网球赛在武汉举行。

沙滩网球诞生于 2000 年，它是融合了网球和沙滩排球的一项全新运动。2002 年，首届国际沙滩网球赛事在荷属阿鲁巴岛举行，参赛者大多是来自世界各地的游客。如今，沙滩网球这项新兴运动在网球运动发展较好的国家和地区非常火热，越来越多的青年人奔向沙滩，在阳光下享受这项运动所带来的快乐。国际网联于 2008 年正式启动国际网联沙滩网球巡回赛，参赛球员经过国际网联认证，成为沙滩网球选手，并通过赛事积分系统，进入国际网联沙滩网球选手排名，并定期公布赛事。该赛事自 2008 年发展至今，世界著名城市争相举办沙滩网球巡回赛。

（五）轮椅网球

轮椅网球是美国人在 1976 年发起的网球运动。直到 1988 年，国际轮椅网球联合会（IWTF）才正式成立，也是在这一年中的第八届韩国首尔残奥会上，轮椅网球首次成为表演项目出现在全世界人的眼中。而后，在 1992 年第九届巴塞罗那残奥会正式成为比赛项目。

轮椅网球比赛主要是在两名或四名下肢丧失运动能力的运动员之间进

行。另外，轮椅网球运动员必须有永久性运动功能残疾的医学诊断证明，且必须坐在轮椅上进行比赛。

第三节　网球运动中的常用术语与礼仪

一、网球运动中的常用术语

在进行网球技巧训练前，参与者要先掌握一些常用的网球术语，主要包括以下内容。

（1）正手与反手。握拍手的同侧称为正手，握拍手的异侧称为反手。正、反手在网球运动中有两种主要用途。

①与技术名称相连，表示一种技术动作，如正手击落地球、反手击落地球、正手截击、反手截击、正手高压球等。

②表示来球的方向，如正手位来球、反手位来球等。

（2）球场的分区。球场以底线中点与中线的连线为界，球场区域可分为以下几部分。

①左边的半区叫左半区，又称占先区（AD）。

②右边的半区叫右半区，又称平分区（Deuce）。

③没有中间界线叫全场，底线向前 3 米左右称为后场，球网向后 4 米左右称为前场，中间部分则称为中场。

（3）球的深浅。网球的着地点与底线的垂直距离越小，表明来球越深；反之越浅。

（4）站位的开放与关闭。开放式站位是指两脚左右分开，平行站立的方式。关闭式站位是指两脚前后分开，纵向站立，两脚呈一直线或前脚略超过后脚的站立方式，如图 1-3-1 所示。

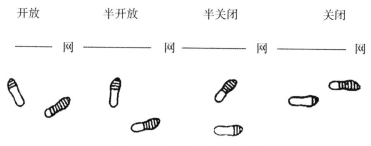

图 1-3-1　站位的开放与关闭

（5）拍面的开放与关闭。开放式拍面是指略为后仰的拍面。关闭式拍面是指略为前倾的拍面，如图 1-3-2 所示。

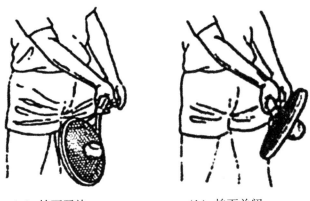

（a）拍面开放 （b）拍面关闭

图 1-3-2 拍面的开放与关闭

（6）击球点。击球点是指球拍击球时与球接触的位置。

（7）击球时间。击球时间是指来球从地面上弹起至回落的那段时间。击球时间具体可细分为图 1-3-3 中所示的五个时期。

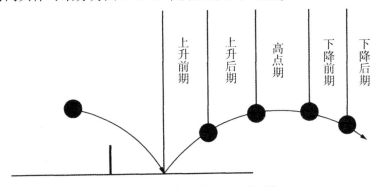

图 1-3-3 击球时间的五个时期

（8）拍面角度和击球部位。拍面角度主要是指击球时拍面与地面所形成的角度（包括拍面垂直、拍面向上或拍面向下等）。把拍与球撞击时，拍对球所碰撞的位置，称为击球部位（球的后半部是拍与球撞击的有效部位）。不同的击球方法要求不同的拍面角度和挥拍方向。实践经验告诉我们，球拍撞击球的正中部的情况比较少，多数情况不是偏左就是偏右，因此，要依靠调节拍面方向来掌握好击球动作。

（9）发力方向和发力方法。发力方向是指球拍的挥动方向。发力方法是指挥拍击球时的用力方法。在实践中，来球靠运动员本身用力挥拍击回的叫发力；来球主要靠触拍后被反弹回去的叫借力；球拍触球的瞬间有一向后收缩的动作，借以减弱对方来球的反弹力的方式叫减力。从发力方向与球心的关系看，可分为"撞击"和"摩擦"。发力方向通过球心为撞击，特点是击球力量大、球速快，如平击球；发力方向远离球心为摩擦，特点是球的旋转强，如侵略性挑高球。撞击和摩擦的有效结合，是获得最佳击球效果的重要保障。

（10）肌肉用力。肌肉用力主要可分为爆发力与匀速用力。

（11）甜点区。甜点区主要是指球拍上能送出稳定、有力、向着预定方向飞行的球的区域，通常位于球拍网弦中心部位。这个区域里有三个具体的点：位于网拍中心的那个点是最佳手感点，球击在这个点上时，手臂感到的震动极小；在最佳手感点的下方（靠近拍柄端）有一个点叫作最强弹力点，球若击到这个点上，飞出的速度最快；在最佳手感点的上方有一个点叫作最大减震点，球击在这个点上震动力最小。

二、网球运动中的其他相关术语

前文我们已经了解到网球运动中的一些常用术语，此外还有部分比较重要的网球术语，我们也需要有所了解，具体如下。

（1）拍面。拍面主要是指位于拍框内，由拍弦组成的部分的面积。

（2）拍头。拍头包含拍框和拍面部分。

（3）环状引拍。环状引拍是指运动员由下向上划弧，向后引拍。

（4）直线引拍。直线引拍是指运动员直线后摆，向后引拍。

（5）脚误。运动员发球时，脚踩在发球线或发球区内，称为脚误。

（6）双误。双误是指运动员发球时，连续两次失误。

（7）打近身球。打近身球是指运动员需要朝着对方身体的方向击球。

（8）对拉。运动员双方在底线连续地进行抽球和回击的方式，称为对拉。

（9）破网。破网是运动员突破对方网前截击的主要击球技术，如采用直线、斜线及吊高球等方式。

（10）深区。深区主要是指比较靠近底线附近、球员回球比较困难的区域。

（11）平分。在40：40之后，又出现平分的报分。

（12）占先。在平分之后，领先一分的一方称为占先。

（13）局点。局点是指每局的最后一分。

（14）破发点。破发点是指接发球球员在接球局领先的最后一分。

（15）盘点。盘点是指每盘的最后一分。

（16）赛点。赛点是指每场比赛的最后一分。

当然，网球运动中还有许多其他术语，限于本书篇幅，此处不再一一赘述。

三、网球运动中的礼仪

网球运动的魅力与网球礼仪、球员与观众所具备的良好的行为素养是密不可分的。网球运动中的礼仪主要包括以下四个方面。

（一） 比赛时的运动员礼仪

网球运动员在参加比赛时需要遵守一定的礼仪。首先，赛前热身时，若对方有练习的需要，应提供帮助。其次，比赛结束时，应主动和裁判及对手真诚地握手；可以将比赛用球抛给观众，但是不要把网球拍扔向观众。再次，比赛时不要摔拍、砸拍，不要用脚踢球；正式比赛时，应避免用下手发球，以免让对手误解成是对他的不尊重。最后，比赛时应该听从裁判的判决，绝不可与裁判争吵、对抗，若有异议可以在比赛结束后向仲裁委员会提起申诉。

另外，当对手击出好球时，应真诚为其鼓掌。特别是在比赛中，当对手打出了自己很难击出的漂亮的得分球时，应用手轻拍球拍，潇洒地表达自己为对手高兴的心情。而当自己打出一记幸运球（Luck ball——球擦网后，改变方向和速度，落在对方场内，对手一般接不住）而得分时，也不必太过高兴，要说声"sorry"或将球拍面向对手以表示歉意。

（二） 日常训练中的礼仪

在日常的网球运动训练中，应注意以下几方面的礼仪。

（1）发球示意。发球时要先确定对方是否已准备好，最好将球举起来示意一下。

（2）临场捡球。打网球时，若球滚入邻场，应耐心等待，等临场"死球"时才能把球捡回。别人帮忙捡了球，应当说声"谢谢"。

（3）切忌跨网。训练时不要从球网上面跨过。

（4）底线来球质量的告知。练球时，对方的回球靠近底线时，应主动告知球是界内（in）、界外（out），还是压线。

（三） 打网球时的服装要求

在网球运动中，对于运动员着装的要求主要包括以下几部分内容。

（1）男运动员。男运动员一般穿带领子的半袖运动 T 恤衫和网球短裤，如图1-3-4所示。

图 1-3-4　男运动员服装样式

（2）女运动员。女运动员一般要穿中袖或无袖上衣，下身穿短裙或连衣短裙，如图 1-3-5 所示。

图 1-3-5　女运动员服装样式

（3）服装颜色。网球服饰一般以白色为主。

另外，对于男运动员来说，注意不要赤膊上阵，也不要赤脚和赤脚穿鞋入场。

（四）观众的礼仪要求

观看比赛时，观众也有一些事项需要注意。首先，尽量避免携带能发出声音的物品，观赛过程中不要随意叫好、鼓掌。其次，不要用闪光灯拍照。再次，如果迟到，应该在球员休息的时候进场，以免对球员的注意力造成影响；同样，如果需要离开观众席，也要选择恰当的时机离开。另外，不要随便进入正在比赛的场地，以免影响比赛的正常进行；观看比赛时，尽量不要带小孩去，以免造成不必要的尴尬。

第四节　网球运动的基本原理与训练方法

网球运动以其独特的魅力，从古代法国宫廷贵族娱乐游戏，发展成为现代奥运史上的球类竞技项目，成就了一批劳伦斯世界体育大奖获得者，已经成为世界第二大体育项目。网球以其特有的风格正吸引着越来越多的爱好者。

一、网球运动的基本原理与训练任务

网球运动是一项技术性很强的体育项目，对于初学者而言，经常会出现打不到球或者将球打飞的情形。所以，想完全掌握网球运动不是一件简单的事，这需要初学者对此进行一些必要的基本训练，方可在网球运动场上一展英姿。

（一）网球运动的基本原理

在网球运动中，其基本原理包括击球的深度、角度、速度、力量以及球旋转等内容，具体阐述如下。

（1）深度。击球深度主要是指网球运动员击球过网后，球的落点距对方端线远近的程度。把球打深，一方面能使自己得到充分的时间准备还击，使自己在被动的局势中摆脱出来；另一方面，把球打深还可以有效调动对手跑动，阻止对方上网。此外，通过图1-4-1可以明显看出，把球打深还十分有利于缩小对方的回球角度。

（2）角度。角度主要是指从打球人的击球点至接球人所构成的直线，然后向左侧和右侧展开的两个平面所形成的空间。一般来说，打球的角度越大，越具有威胁性。

（3）速度。从理论上讲，速度主要是指运动员在判断、反应、移动、扑截和击球速度方面的快慢，这对运动员具有十分重要的作用，具体如下。

①速度快的运动员回球时更加灵活。

②使用截击球回球速度最快、威胁性也最大。

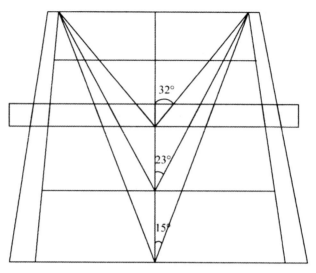

图 1-4-1　还击角度示意图

③提高挥拍速度，能增大击球爆发力。

④移动速度快，能及时到位，甚至提前到位。

一般情况下，优秀的网球运动员都拥有较快的上网速度，其击球速率高，爆发力强，这与他们具备良好的反应能力和移动速度是分不开的。在网球运动中，击球速度越快，对方准备的时间就越少，对方回球就越困难，甚至出现失分的现象。反之，击球速度越慢，给对方的判断时间越充裕，对方准备的时间就越充裕。

（4）力量。在网球运动中，击球力量大是指物理学中的动量大。击球力量大的主要作用是使球飞行的速度更快，增加接球的难度。一般情况下，提高运动员击球力量的主要方法，是加大击球瞬间的向前挥拍速度以及提高参与工作的肌肉质量。通常需要遵循"躯干带动上臂，上臂带动前臂"的正常身体肌肉发力顺序，来提高击球力量。

（5）球旋转。在力学中，欲使球旋转，必须具有力矩（M）。力矩等于作用到球体上的力（F）和此力到球心的垂直距离（L）的乘积，即 $M = FL$。从公式中看出，力矩对于网球旋转的程度有直接关系。若 $L = 0$，作用力正通过球心，该球不产生任何旋转，即平击（P 为主要击球力量），如图 1-4-2 所示。此外，在施加主要击球力量的同时，再对球施加一个向上或向下的力量 T，即可产生上旋球或下旋球，如图 1-4-3、图 1-4-4 所示。另外，还有侧旋球（如图 1-4-5 所示）和复合旋转球，也是基于 T 的作用产生的，其中在临场使用得最多的就是复合旋转球，因为它是上旋球或下旋球与侧旋球相结合的一种旋转球，会给对方造成更大的威胁。

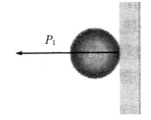

图 1-4-2 平击球

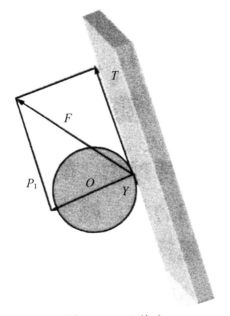

图 1-4-3 上旋球

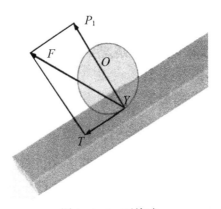

图 1-4-4 下旋球

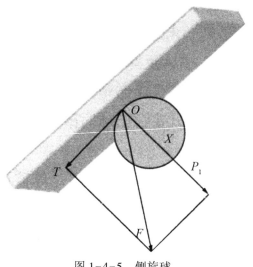

图 1-4-5 侧旋球

（二）网球运动训练的任务

网球运动训练的主要任务包括以下几个方面。

（1）学习和提高基本知识。在训练过程中，运动员需要学习掌握网球运动的基本理论知识，从而有针对性地进行锻炼，提高自身的运动素养。

（2）发展和提高运动员的身体素质。身体素质是运动员掌握技术、战术的基础。通过对网球运动的学习，可以提高运动员的机能素质，增强身体素质。

（3）发展和提高运动员的心理品质和智力。由于现代网球比赛中，运动员在身体、技战术等方面相差不大，所以在比赛中经常会出现激烈的竞争，这对运动员的心理品质提出了更高的要求。只有心理稳定、智力水平高的运动员，才能有效捕捉机会，赢得比赛。

（4）培养意志品质和合作精神。在高强度的网球运动实战中，可以培养人的意志品质，而双打又是两个人组队的集体项目，可以培养人的合作精神。

二、网球运动握拍方法训练

握拍是网球运动中所有击球动作的基础，握拍的基本方法大致可分为东方式正手握拍法、西方式正手握拍法、大陆式握拍法、半西方式正手握拍法、东方式反手握拍法、半西方式反手握拍法、双手反手握拍法等类型。

握拍方式的选择，对于运动员挥拍的方式、击球时的拍面角度、击球点以及控制、深度和力量等重要的击球品质都有着直接的影响。握拍法的分类主要是依据持拍手的虎口与拍柄各棱面的位置。如图1-4-6所示，首先明确的是食指指根和所对应的拍柄平面（以右为例，左手则相反，下同）。

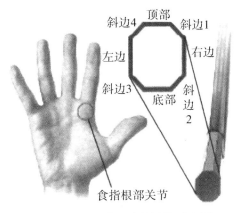

图1-4-6 网球运动的握拍示意图

（一）东方式正手握拍法

东方式正手握拍法主要是将手平放在拍面上，然后下滑到球拍拍柄处握住，食指指根对应拍柄的右垂直面（图1-4-7中的"左边"）。此时，虎口对准拍柄的右上棱，手掌与拍面平行。东方式正手握拍法的优点主要表现在以下几个方面。

（1）易于正手抽球。

（2）初学者更容易体会用掌心击球的感觉，并且击出的球更稳定。

（3）拍面可以通过摩擦球的后部击出上旋球。

（4）可打出力量大、穿透性强的平击球。

（5）很容易转换到其他握拍方式。

东方式正手握拍的缺点主要为：

（1）不适用于打半高球，更多的是平击球。

（2）稳定性相对较差，对于多回合的打法很难适应。

（3）不适合底线型选手使用。

（二）西方式正手握拍法

西方式正手握拍法是指拇指与食指几乎成直角，拇指直伸压住拍上平面，食指下关节握住右上斜面，手掌根贴住右下斜面，与拍底平面对齐，如图 1-4-8 所示。其优点主要表现在以下几个方面。

（1）击出的球旋转性强，落地后向前冲击的力度较大。

（2）击出的球恰好过网，但过网后就会立刻下坠。

（3）球在落地后会有很强的前冲力，会对对手的回球质量造成影响。

（4）更容易回击击球点较高的来球。

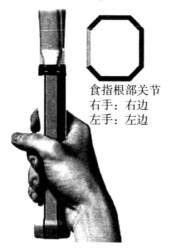

食指根部关节
右手：右边
左手：左边

图 1-4-7　东方式正手握拍法

食指根部关节
右手：底部
左手：底部

图 1-4-8　西方式正手握拍法

西方式正手握拍的缺点主要有以下几点。

（1）回击低球是此种握拍法的致命弱点。

（2）需要增加球的旋转，否则，击出的球不能达到预期目的。

（3）很难打出弧线较平的球。

（三）大陆式握拍法

大陆式握拍法的特征最形象的表述是"手握铁锤柄"，即球拍与地面垂直，由球拍正上方握拍，拇指围住拍柄，食指第三指关节紧贴于拍柄右上斜面，这就是大陆式握拍，如图1-4-9所示。其优点主要表现在以下几个方面。

（1）使发球或打过顶球时充分发挥手臂的作用。

（2）有利于击出正手平击球和回击较低的来球。

（3）打网前截击球的最佳选择。

（4）可以使正拍及反拍攻防转换十分迅速。

大陆式握拍法的主要缺点有以下几点。

（1）很难打出带上旋的球或削球。

（2）击球时间很短。

（3）处理速度快的反弹球较为困难。

食指根部关节
右手：斜边1
左手：斜边1

图1-4-9　大陆式正手握拍法

（四）半西方式正手握拍法

半西方式正手握拍法是指以东方式握拍法为前提，然后逆时针方向旋转球拍，使食指根部压在下一条拍棱上，如图1-4-10所示。其主要优点包括以下几个方面。

（1）能打出更多上旋球，使球过网更加容易。

（2）能有效控制线路。

（3）上旋高球和小角度的击球效果良好。

（4）使打出的平击球更加深远、更有威胁性。

（5）使球产生较强的上旋，有助于回球的稳定，减少失误。

（6）更有利于控制高球。

半西方式正手握拍的主要缺点如下。

（1）不适合回击低球。

（2）容易给对手留下进攻机会。

（3）不易于转换到大陆式握拍法。

食指根部关节
右手：斜边2
左手：斜边2

图 1-4-10　半西方式正手握拍法

（五）东方式反手握拍法

东方式反手握拍是从大陆式握拍开始，顺时针旋转球拍，使食指根部压在上一个斜面，如图 1-4-11 所示。其优点主要包括以下几个方面。

（1）可以给手腕提供良好的稳定性。

（2）可以击出略带旋转或很有穿透力的球。

（3）易于转换到东方式正手握拍。

（4）便于削球或在网前截击。

东方式反手握拍的主要缺点如下。

（1）不适合打高于肩部的上旋球。

（2）选手只能采用防守式的削球将球回击至对手场内。

食指根部关节
右手：顶部
左手：顶部

图1-4-11 东方式反手握拍法

（六）半西方式反手握拍法

所谓半西方式反手握拍法，可以采用大陆式握拍法，并逆时针将球拍转至下一个平面。食指根部仍处于拍柄的上端，但其他三个手指根部几乎与食指处于一条与拍柄平行的直线上，如图1-4-12所示。其优点主要包括以下几个方面。

食指根部关节
右手：斜边4
左手：斜边1

图1-4-12 半西方式反手握拍法

（1）拍面比普通东方式反手握拍关闭得更多一些，有利于处理高球。

（2）容易打出带上旋的回球。

（3）适合反手攻击能力强的选手使用。

（4）适合喜欢打底线的选手使用。

半西式反手握拍法的主要缺点如下。

（1）不适合处理低球。

（2）不能很快地转换握拍法来回击网前球。

（七）双手反手握拍法

双手反手握拍主要是使拍面处于大陆式和东方式反手握拍的中间位置，然后用另一只手以东方式正手握拍法握在持拍手的前方，如图1-4-13所示。其优点主要包括以下几个方面。

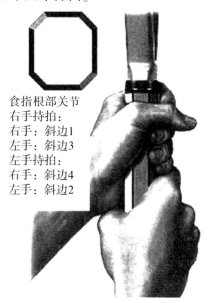

食指根部关节
右手持拍：
右手：斜边1
左手：斜边3
左手持拍：
右手：斜边4
左手：斜边2

图1-4-13　双手反手握拍

（1）适用于单手力量不足或双手具有良好协调性的选手。

（2）反拍击球时隐蔽性比较强。

（3）在回球时力量很足，处理击球点较低的来球较为容易。

双手反手握拍法的主要缺点如下。

（1）不利于跑动，不适合进行大幅度移动击球。

（2）转身挥拍困难。

（3）网前截击时双手反手握拍不易控制拍面，回击直线截击较困难。

（4）不适合移动较慢的选手。

以上几种常见握拍方法由于握拍方式不同，其优点和缺点也各有不同，适合的对象也存在一定的差异，运动员需要根据实际情况及自身具体条件进行选择。

三、网球运动准备姿势训练

（一）准备姿势

击球前，应保持身体正确的姿势，以便迅速启动，具体如下。

（1）运动员需要注视来球，两脚分开略宽于肩，脚跟稍抬起，双膝微屈呈半蹲状，上体微前倾。

（2）通常采用正手握拍法，球拍置于体前，左手轻托拍颈。这样可以有效提高接发球的稳定性。

（二）站位

如图 1-4-14 所示，网球运动中站位的种类，主要可分为以下四种。

（1）开放式站位。开放式站位是指双脚与肩同宽，与球网平行站立的一种站位方式。

（2）半开放式站位。所谓半开放式站位，主要是双脚要与肩同宽，与球网平行站立时，左脚稍靠前站立。

（3）封闭式站位（右手持拍）。左脚向右斜前方上步，左脚尖斜对右网柱，双脚与肩同宽。

（4）半封闭式站位。在封闭式站位的基础上，前脚只需向身体前方上步，并正对球网，这种站位方式被称为半封闭式站位。

<table>
<tr><td>（a）开放式</td><td>（b）半开放式</td></tr>
</table>

（c）半封闭式　　　　　　　　（d）封闭式

图 1-4-14　站位的分类

四、网球运动基本步法训练

网球运动对运动员的移动技术要求特别高，运动员需要依靠灵活的步法，来随时应对场上不同的突发情况。移动是为了在正确的击球点上击球，只有迅速移动到位才能合理地把球击出，获得好的击球效果。要想进行准确、有效的击球，就必须在综合分析来球方向、速度、高度等因素的前提下，依靠正确、合理的步法，使自己快速移动到合适的击球位置，以完成高质量的击球。

（一）基本步法

网球移动步法讲究灵活、实用，常见的网球基本步法包括分腿垫步、跳步、交叉步、滑步、跨步、冲刺步、后撤步以及小碎步等形式，具体阐述如下。

（1）分腿垫步。所谓分腿垫步，主要是指在准备移动时，两脚呈分立姿势，判断好来球后，在吸气的同时双脚向前跃起，前脚掌着地的瞬间呼气，然后向移动方向蹬地迈出的步法。在对手击球之前做分腿垫步，是快速与平衡移动的关键。

（2）跳步。准备时双脚左右开立，膝关节弯曲，降低身体重心。判断对方击球意图后，双脚蹬地，稍微跳离地面，落地时双脚与肩同宽，重心放在前脚掌上，肌肉保持适度紧张。跳步能为身体向任何方向的快速移动做好准备。此步法常见于接发球与截击准备中。

（3）交叉步。双脚呈交叉状向侧面跨步移动。向右移动时，先向右脚前跨出左脚，向左侧移动时，先向左脚前跨出右脚。此步法较常用于处理距离较远而需要做出大幅度移动的球。

（4）滑步。两脚平行站立，向左滑步时左脚先向左侧迈出一步，右脚同时蹬地迅速跟上做滑步动作。滑步移动时身体重心变换快而移动速度较慢，通常在来球距体侧较近或短距离回位时可采用滑步移动。

（5）跨步。跨步是指向击球方向跨出一大步击球的步法，由支撑腿的蹬地支撑和摆动腿的跨步组成。其特点是跨距大，便于向前或向斜前方较远的范围内击球。跨步前，膝关节弯曲，上体前倾，身体重心移至跨出的脚上。跨步时，一腿用力蹬地，另一腿向来球方向跨出一大步，后腿随重心前移自然跟上。

（6）冲刺步。冲刺步是指在击球过程中快速冲刺奔跑的步法。其特点是移动速度快，便于随时改变方向，常用于快速移动到网前追赶救球。冲刺跑时，一脚蹬地起步，另一脚迅速向前跟上，两脚交替进行，两臂配合摆动。不要过早做击球准备动作，应直到接近球时才挥拍尽力去击球。

（7）后撤步。后撤步是指在网前时，对手挑后场过顶高球时，右脚先向后撤一步，然后左脚迅速跟上后退，两脚交替进行的移动步法。后撤的同时，要为击球提早做好准备。

（8）小碎步。小碎步是指在击球之前为调整身体动作（重心）而使用的细微的步法。小碎步对于击球前的平衡感与位置感的微调十分重要，可避免脚步凌乱，确保半开放式的站位姿势与良好的引拍准备相协调。

在实际运用中，我们常把两种或两种以上步法的综合运用称为综合步法。在比赛中，运动员需要根据移动需要和具体情况适当选择运用。

（二）击球步法

网球运动中，常见的网球击球步法主要包括以下几种。

（1）跑动中击球步法。跑动中击球步法包括正手击球步法和反手击球步法，通常在大范围的移动中使用。正手击球时，身体重心转向右脚，左脚先向右侧跨出成交叉步，随后右脚跟进向右跨出，两脚交替进行，以最快的速度跑向来球，以开放式或半开放式的站位完成击球；反手击球时，动作是一样的，只是方向相反。

（2）发球上网步法。在完成发球击球动作后的一瞬间，左脚跳进场内，随后右脚向前跟进，迅速冲向网前完成击球动作。

（3）近距离拦网截击步法。所谓近距离拦网截击步法，主要是在对方来球离身体较近时使用，同样分为正手拦网截击和反手拦网截击两种情况。正手拦网截击在对方击球瞬间双脚分腿垫步，随后左脚向右前方跨一步击球，身体重心随着击球动作迅速跟进；反手拦网截击时，则右脚向左前方跨一步击球。

（4）远距离抢网截击步法。与近距离拦网截击步法正好相反，远距离抢网截击步法，主要是在对方来球离身体较远时使用，其也可分为正手及反手两种方式。正手抢网截击，在对方击球瞬间双脚分腿垫步，随后快速向右侧来球方向做交叉步移动，到达击球位置时右脚蹬地，左脚向右前方跨一步击球；反手抢网截击，动作相同，方向相反。

（5）正手侧身攻击球步法。这种步法主要是在来球落在反手位时使用。连续向左侧做侧滑步或交叉步，使身体侧向来球。在到达击球点前，右脚向后撤步的同时侧身击球。

（6）向后侧滑步高压球步法。这种步法适合在对方挑高球离球网较近时。移动时，身体右转的同时右脚后撤一步，侧身对球网，随后以侧滑步移动到击球位置，右脚蹬地，左脚支撑完成高压击球。

（7）向后交叉步跳起高压球步法。在对方挑高球较深时使用。移动时，身体右转的同时右脚后撤一步，侧身对球网，随后以交叉步移动到击球位置，右脚蹬地起跳在空中完成高压击球后，左脚先落地，右脚再向前落地。

在网球运动中，还有一些其他击球步法，如正手抽球随球上网步法和反手削球随球上网步法等，限于本书篇幅，此处不再进行一一赘述。

第二章　网球运动基本技术及训练技巧

现代网球技术多种多样，并且每个运动员的技术特点也不尽相同。最基本的技术主要有发球技术、接发球技术、正反手击球技术、截击球技术、高压球技术、削切球技术以及挑高球技术等。本章主要就这几种网球运动中的基本技术进行详细论述，并对其训练技巧展开讨论。

第一节　发球、接发球基本技术训练技巧

一、发球基本技术及训练技巧

在网球运动中，发球是最重要、最基本的技术之一。好的发球，会给对手带来很大的威胁，为自己争取更有利的条件和发挥空间。所以，对于发球技术的练习，运动员要给予足够的重视和努力。下面，我们就对其展开详细论述。

（一）发球基本技术及类型

1. 发球基本技术

一般情况下，在网球运动中，发球的主要动作环节，如图2-1-1所示。

| 1 | 2 | 3 | 4 | 5 | 6 | 7 | 8 |

图2-1-1　发球的主要动作

（1）握拍法。在发球时，通常适宜采用大陆式握拍法。

（2）准备姿势。在准备时，球员需要面对球网，双脚开立，比肩略宽，

膝部放松，上身稍前倾，重心稍放在前脚掌上。右手轻握拍柄，左手扶住球拍（以右手持拍为侧，下同），球拍置于肚脐与胸的高度之间。两肘轻触腰侧部，仔细观察来球。其中，重要的是身体要放松，肩部和握拍要放松，如果过于用力会影响引拍动作。要对来球迅速地做出判断和反应，并能随时进行分腿垫步动作。

（3）抛球与向后引拍。向后引拍是指进入挥拍击球之前向后挥摆球拍的动作。引拍的路线大致可分为从上往下、从下往上和直线三种。抛球与后摆引拍动作是同时开始的，持球手拇指、食指和中指三指轻轻托住球，掌心向上。当球拍向下或向后引拍时，持球手的肘部逐渐伸直并向下靠近持球手的同侧大腿；当球拍从身后向头上方做大弧度摆动，身体做转体、屈膝、展肩时，持球手柔和地从腿侧自下向上抛起，直至伸高及头顶。抛球动作要平稳、协调，球送至最高点再离开手指抛向空中，此时右肘向后外展约同肩高，指头指向天空，左侧腰、胯成弓状，身体重心随着抛球开始先移向右脚，然后平衡地开始前移。向后引拍时握拍要用力，其他部位应保持放松，做到轻松协调，这样为向前挥拍击球动作的进行提供了充分有利的收缩条件，使之获得最大的击球效果。另外，还要注意球拍应伴随身体扭转的动作将球拍后引，幅度要适当，若球拍向后摆动过大，势必会影响向前挥拍击球的速度。

（4）向前挥拍和触球。向前挥拍是指把引向身后的球拍，从身后向前挥动去击球。球拍触球是指球拍击中球的瞬间，此时应牢牢地固定球拍击球的拍面，否则会引起较大的误差，所以掌握此技术动作必须要有相当的握力和臂力。球拍触球时，拍面的方向决定击球路线，拍面角度决定触球部位，并直接影响动作的稳定性。这一环节是决定击球方向和落点的关键。

（5）随挥和还原。随挥是指运动员在击球后要有一段随势前挥的动作，这样做的原因是为了增大击球的力量，保证击球动作的稳定性和协调性，并且能有效减少身体受伤的机会。还原指的是随挥后的手臂平缓地收回到身体的中心，并做好再次击球的准备。在做随挥技术动作时，要十分注重步法的移动。为此身体重心移动的时机必须要恰到好处。另外，由于运动员是持着球拍在运动，所以，保持身体的平衡是十分重要的。

2. 发球的常见类型

网球运动中，发球技术一般可分为以下三种类型。

（1）平击发球。平击发球几乎没有旋转，球差不多呈直线飞向对方场地。其优点是力量大，在绝大多数场地上球反弹较小，但平击发出的球往往需要贴着网才能进入场内。

（2）侧旋发球。侧旋发球一般采用东方式反手握拍法。击球点比平击发球略低，一般也称为切削发球。侧旋发球弹跳较低，落地后向一侧旋转，往往可将对方逼至场外接球，使其回球困难或造成失误。这种发球方法的优点是球速快，威胁性大，适用较为广泛（一发、二发都可使用），在当今网坛中，被许多球员所采用。

（3）上旋发球。这是一种以上旋为主、侧旋为辅的发球法，常用于第二发球。上旋发球发出的球带有强烈的上旋，由于球过网弧度高，落地后反弹高，前冲大，很容易给对方判断和回击造成困难，这在一定程度上，提高了对手接发球的失误率。发上旋球时，把球抛到头后偏左的位置，击球时身体尽量后仰成弓形，然后双脚蹬地，向上挥拍并猛扣手腕，球拍快速从左下向右上挥动，从下向上擦击球的背面，并向右带出，使球产生右侧上旋。击球后，应保持球拍继续向前挥动，利用惯性作用随挥至身体的另一侧。

（二）发球技术训练技巧

在发球技术的训练方面，一般主要是通过以下七种常用的训练方法，来提升发球技术的技巧。

（1）面对镜子模仿练习。初学者的首要任务就是先在大脑中形成对新事物的概念。所以，初学者要根据技术动作的要领，将动作分解为抛球、向后引拍、向上击球、随挥动作等环节，在熟悉所有的基本动作之后，再将所有动作进行组合练习，熟悉动作过程和动作要领，观察并纠正自己的动作。练习过程中要注意熟悉动作过程，掌握动作节奏点，动作要由慢到快，循序渐进。

（2）抛球练习。抛球练习的主要目的是要能抛出稳定的球。具体练习方法为：双脚前后站立，侧身对墙壁或挡网，抛球手臂沿着墙壁或挡网由低向高抬起进行抛球练习，使抛出的球沿墙壁或挡网垂直上下。练习过程中要注意手臂伸直并保持平稳向上抬，想象自己的手掌像电梯一样将球托送到空中。抛球时要注意将球放在指根部位，球出手时掌心向上顶。

（3）控制发球落点练习。在发球区内角、外角、中间三个点位置上放置好标志，按照标志点进行发球，提高发球的变化能力。练习时主要从转体的程度上进行调整发球的落点，外角发球转体的幅度相对大一些，并且还要注意拍面的控制。应尽量做到相同的站位发出不同落点的球，采用不同形式的发球发出相同落点的球。

（4）跪式发球。先在发球线后，前腿膝关节弯曲，后腿屈膝跪地，球拍直接置于肩上进行发球。然后逐步退到底线采用相同的动作练习，体会球拍向上挥击球的感觉。要注意击球时，球拍要做出向上挥摆的动作，身体不需要做出转体的动作，体会手臂由屈到伸击球的感觉。

（5）对墙发球练习。在墙上画一条与网齐高的线，发球时瞄准墙上的线。开始可离墙近些，待动作熟练性、准确性提高后，逐步拉开与墙的距离。练习过程中要注意保持侧身对墙站立，抛球与挥拍动作要协调，击球瞬间身体充分伸展，球拍面对准所要发球的方向。通过对墙发球练习，能有效提高发球的稳定性。

（6）多球练习。在发球区内设定两个目标区，即内角和外角，选用标志盘将两个区域区分开。每次发球前先设立一个落点目标，依次交换左右区进行练习。也可在球网和发球区中间摆放标志物进行深度练习，要求练习时每次都要让球通过设置的区域并发球有效。同样先给自己规定目标，多次轮换发球区。

（7）场上不同站位发球练习。练习时，首先站在发球线后，球拍置于右肩上，将球发向对方球区。然后退至发球线与底线之间的区域，运用完整动作发球，体会球拍向前、向下击球的感觉。最后退至底线发球位置，体会球拍向上、向前、向下挥拍的感觉，掌握场上发球基本技术。练习时，练习者要根据不同的距离，调整发球的力量及拍面下压的角度，控制好发球的力量。

二、接发球基本技术及训练技巧

在现代网球运动中，接发球是非常重要的基本技术，也是最复杂、多变的击球技术。在一场比赛中，有一半的得分是从接发球开始的。接发球时，不但要分析对手的发球速度、力量、旋转角度和发球站位等来判断和预测对手的落点，还要分析对手发球后的站位，选择何种击球方式、回球线路等因素。因此，接发球是一项高难度的击球技术。

（一）接发球基本技术及类型

1. 接发球基本技术

一般情况下，在网球运动中，接发球的技术动作主要包括以下四个环节。

（1）握拍法。一般可以选择东方式正手握拍法或东方式反手握拍法。

（2）准备姿势。两脚开立，与肩同宽，上体稍前倾，双腿屈曲，脚跟离地，重心落在前脚掌上，拍头约与腰同高并指向对方，视线紧盯来球，判断对方将会使用哪一种发球技术，以及自己要使用哪一种方式来强有力地回击。

（3）向前挥拍和击球。球员要对来球进行击球点的预测并及时起动，迅速做出转体引拍动作，后摆距离要短一些，幅度大小要根据对方不同的发球来调整，握紧球拍，手腕固定，并向击球方向踏出异侧脚，同时向前迎击球，击球点是在体前侧胸部高度处，对着球击出的方向，送出球拍，尽量加长球拍接触的时间，要像打落地球那样，做好随挥动作。至于还击的方向，需要根据来球的质量和方式选择具体的应对方式。

（4）随挥动作。虽然球拍的后引幅度稍短，但不要限制击球后的跟进动作。应尽量加长球拍接触球的时间，球拍应先跟着球出去，然后做充分的随挥动作。一般情况下后摆动作小，随挥动作也小，后摆动作大，随挥动作也大。随挥动作一结束，身体就要快速移动到自己场地中央，准备迎击下一次来球。

2. 接发球的常见类型

在网球运动中，接发球技术的常见类型主要可分为进攻型接发球和防守型接发球两种类型，详细阐述如下。

（1）进攻型接发球。进攻型接发球的主要目的是给发球方施加压力。通常是球员通过侧身正手进攻性击球，打向发球一方的空当或最弱的一侧。

（2）防守型接发球。通常用它来对付来球威力较大的发球，常用挡击的方式控制球。

（二）接发球技术训练技巧

在接发球技术的训练方面，一般主要是通过以下几种常用的训练方法，来提升接发球技术的技巧。

（1）接近网发球练习（快速球）。发球者在发球线与单打边线交接处发球，用较大的力量发球，可有针对性地发内角、中路和外角球，接发球队员在判断对方发球后，迅速做出反应，主动迎前，以小幅度的后引拍动作将发球回击过去，以此来提高接发球的反应能力。练习时，球员要快速起动，球拍对着对方场地，主要以挡击完成。

（2）接近网发球练习（球速较慢）。发球者在发球线与单打边线交接处发球，中等力量发球，可有针对性地发内角、中路和外角球，接发球队员在判断对方发球后，迅速做出反应，主动迎前，以小幅度的后引拍动作将发球回击过去。可固定回击路线，如直线、小斜线和中路等。以此来体会简短引拍动作技术，提高不同落点回球能力。练习过程中，当发球者向上抛球时，要向前跨一步，随之做分腿跳步动作，使身体重心落在前脚掌，以便于启动和主动回球。

（3）接底线发球练习。基本同上一个练习，只是发球者站在底线发球区内，通过这两种方法的综合训练，来建立基本接发球意识，体会完整接发球技术的运用，减少失误。练习时要注意，当来球较快时，主要以挡击的方式回球，但必须有一定的向前推送动作。

第二节　正、反手击球基本技术训练技巧

一、正手击球基本技术及训练技巧

正手击球的特点是力量大、速度快，球被击出后有一定弧线，稳定性较好。下面，我们主要就其技术动作和种类以及动作训练技巧进行详细论述。

（一）正手击球基本技术及类型

1. 正手击球基本技术

一般情况下，在网球运动中，正手击球的动作主要包括以下五个环节，如图 2-2-1 所示。

| 1 | 2 | 3 | 4 | 5 |

图 2-2-1　正手击球的主要动作

（1）握拍。一般情况下，正手击球技术主要采用半西方式或西方式握拍法。

（2）准备姿势。在准备姿势阶段，与接发球准备姿势相同，两肘自然下垂略外张，拍头稍高于拍柄。注意力集中，两眼注视前方，做好击球准备。

（3）后摆引拍。向右转肩、转髋，带动球拍向后向上弧线引拍。引拍时，持拍的手臂放松直线向后拉拍，拍头高于手腕，身体重心移向右脚；

拉拍结束时，左肩对网，尽量保持侧身迎击球，左手一定要随着侧身转体而指向前面的来球。其动作要求迅速、协调，并根据来球情况，适度弯曲膝关节。

（4）挥拍击球。球员在击球时应用力蹬地转动身体，以肩关节为轴，手腕固定，用大臂带动小臂，沿着来球的轨迹向前挥拍；身体重心从后向前转移，一般需要保持侧身击球，并根据来球的质量和高低，来选择前进或后退。

（5）随挥动作。球拍触球后，挥拍沿着球的飞行方向继续前送，使球拍和球接触的时间尽量长些。随挥动作结束，迅速恢复姿势，为下一次击球做好准备。

最后，我们将正手击球动作技术的要点进行简要总结，简述如下。

（1）击球时视线要紧盯住球。

（2）后摆引拍可适度提前。

（3）击球时，用力握拍，手腕可适度放松。

（4）球拍随球送出，充分随挥至左前上方。

2. 正手击球技术的常见类型

在网球运动中，正手击球技术主要可分为以下四种类型。

（1）正手上旋球。其优点是便于控制力量，不会把球打出界外，具有较强的攻击性而失误很少。利用上旋球过网后急剧下降的特点，可以打出过网急坠球，破坏对方上网节奏；也可以打出小斜线球，把对手拉出场外，从而取得主动。击球时，球员需要面对球网，两脚自然开立，重心稍前移，落在前脚掌上，左手扶住拍颈，注意对方来球；当来球时，迅速向后引拍，向来球方向迈出前脚，侧对球网，屈膝降低重心；向前挥拍时，重心移向前脚，在前脚右侧前方击球，拍面稍后仰，球拍从下、向上、向前擦击球的后上部；击球后要有完整的随挥动作，重心全部落在前脚上，球拍挥到左前上方。

（2）正手平击球。正手平击球的特点是球速快，落地后前冲力大，球的飞行路线平直。但准确性和控制力较差，容易出现失误。来球时，运动员需迅速转体向后引拍，拍头对着身后挡网；向前击球时，手腕固紧，拍面与地面基本垂直，击球点在左脚右侧前方与腰齐高的位置；击球后充分随挥，球拍挥至左肩上方为宜，随挥完成后，身体转向球网，做好下一次击球准备。

（3）正手下旋球。判断来球，及早做出准备，在球弹起后的上升期迎击球；后摆动作小，略像网前正拍截击动作的拉拍，拍面略开，随着球拍向前挥动，在击球瞬间，拍面几乎是垂直于地面；击球点在身体的侧前方，击球时身体重心随挥拍动作一起向前，同时步法也相应跟上。

（4）侧旋球。击球时，球拍由后部向内侧平行挥动，摩擦球中后部使之产生由外向内的旋转。

（二）正手击球技术训练技巧

在正手击球技术的训练方面，一般主要是通过以下五种常用的训练方法来提升正手击球技术的技巧。

（1）挥拍练习。对于初学者来说，首先要建立对基本动作的概念，养成正确的挥拍轨迹。原地挥拍练习中，侧身引拍是以髋关节为轴的转动，同时降低重心；挥拍击球时将腕关节固定，蹬地转髋将球拍加速随挥上肩；重点强调髋关节的转动。个人练习时可以面对镜子，将一根长木棍扛在肩上，双手搭于两侧，然后以髋关节为轴转动身体。另外，运动员还需要进行判断击球点的练习，以培养球员快速移动脚步的能力和判断选择合适击球点的能力。

（2）原地喂球。初学者原地引好拍，教练将球抛在其腰高度的侧前方，等球弹起到最高处时，蹬地转体，大臂加速挥拍上肩并用非持拍手接住拍子。这一练习主要巩固转腰的意识，以及把握好最佳击球时机。

（3）隔网喂球。击球者站在发球线附近，教练员隔网将球轻轻打到击球者的右前方，要求击球者在教练员触球瞬间做一个分腿垫步。这个过程中，教练员应该先用语言建立学员引拍击球的节奏，养成早引拍、早击球的习惯。

（4）对墙练习。这一方法可以提高学员对球的控制能力，首先击球者站在离墙 5 米左右的地方，击球目标在墙上离地面 1.5 米的位置，自己抛球自己打球。击球过程中注意引拍击球的时机，体会蹬地转腰挥拍击球和只用手臂挥拍击球的不同感受。在此基础上尽力打更多的次数，同时也可以加强正反手击落地球的练习。

（5）移动中击球练习。对于有一定基础的学员来说，打球过程中步法的运用极其关键，灵活的移动是打好网球的关键。例如，交叉步训练，它运用于横向移动，在跑动中击球非常适合，也能较早地移动到最佳击球位置；小碎步是调整底线正手和反手击球效果的关键，它可以调整好击球前的平衡感与击球的最佳位置，为打出效果好的球奠定坚实的基础。

（6）对打练习。前场两人对抽，要求落点控制在发球区，两人尽可能地增加回合，充分热身之后，可以逐渐向后退到底线，做到不要盲目发力，提前为每个球做好充分的准备，做到每球必争。以斜线对抽练习为主，每次击完球之后回到中点，准备下一次击球。

除了以上几种常用方法外，对于正手击球技术的训练，还可以通过对抗阻力挥拍练习、底线技术多球变线练习、抛球与击球练习以及一系列的场地练习等方法，来进一步提升正手击球技巧，限于本书篇幅，此处不再一一赘述。

二、反手击球基本技术及训练技巧

反手击球是球落在身体左侧采用的一种击球方法，是网球运动中比较重要的基础技术之一。初学者应该在正手击球有了一定基础后，再进行反手击球技术的学习。一般情况下，人往往正手技术掌握较好，反手技术掌握较差，比赛中反手方向也常常是对手攻击的一个薄弱环节。所以，初学者必须对反手技术进行更加用心的苦练。

（一）反手击球基本技术及类型

1. 反手击球基本技术

在网球运动中，反手击球的主要动作环节，如图 2-2-2 所示。

1　　　　　2　　　　　3　　　　　4　　　　　5

图 2-2-2　单手反手击球的主要动作

（1）准备阶段。两脚开立与肩同宽，上体稍前倾，双腿屈曲，重心落在前脚掌上。单手反手击球一般采用东方式反手握拍，非持拍手轻轻扶住拍颈，拍头指向前方，两眼注视来球方向。

（2）后摆引拍。后摆引拍时主要是采用反手握拍法，向左转肩转髋带动球拍向左后方摆动，后摆时肘关节自然弯曲，拍头稍翘起，指向后方，右脚向左前方上步，右肩或者是右背对着球网，重心移向左脚。打反手的后摆动作应比正手的后摆要完成的早，整个动作要协调连贯，左手始终扶住拍颈，直到开始做前挥动作为止。

（3）挥拍击球。球拍由后向前上方挥出，前挥时手臂仍保持弯曲，直到随挥结束后才伸直，击球点在右脚左侧前方，击球时球拍与右脚应在一条直线上，高度在膝与腰之间（比正手击球稍低），球拍触球时手腕绷紧，拍面要与地面保持垂直，击在球的中部，要有"以手背击球"的意识，用转体和转肩的力量使重心前移到右脚上。

（4）随挥动作。击球后身体继续顺时针方向旋转，继续向前上方推送球拍，此时右肩高度略高于左肩高度，头部保持稳定。当球拍直立向上，手臂随挥至高于肩膀的位置，随挥动作结束。随后迅速回位成准备姿势，准备下一次击球。

最后，我们将反手击球动作技术的要点进行简要总结，简述如下。

（1）转体、转肩要迅速，球拍后摆动作可适当提前。

（2）视线紧盯来球。

（3）紧握球拍，手腕保持用力。

（4）向上挥拍，球拍随球送出（反拍下旋球是向下向前挥拍）。

（5）随挥动作在旁侧的高处结束。

2. 反手击球技术的常见类型

在网球运动中，反手击球技术主要可分为以下三种类型。

（1）反手上旋球（单手）。反手上旋球的特点与前面的正手上旋球基本一样，球落地后反弹又高又远，容易加力控制。

（2）反手削球（下旋球）。反手削球的特点是球过网时很低，既能打较深的球又能打短球，落点容易控制，打球省力，控制范围大，稳健准确，但球速一般不快；可以与上旋球结合使用，变换旋转和节奏来扰乱对方回球质量。当来球飞向你的反手时，要迅速转体引拍，挥拍时球拍与球的接触时间可适当加长一点，要有球在球拍上滑动的感觉。

（3）反手平击球。反手平击球速度最快，球的飞行路线比较平直，球落地后的前冲力量也较大，但准确性较差，容易下网或出界。

（二）反手击球技术训练技巧

在反手击球技术的训练方面，一般主要是通过以下几种常用的训练方法来提升反手击球技术的技巧。

（1）挥拍练习。对于初学者来说，首先要掌握正确的站立姿势、握拍方式、击球方式、跑动位置等，因为这些是学习网球的基础。同样，初学者要建立好正确的挥拍轨迹，从准备姿势、后摆引拍、挥拍击球、击球随挥逐步形成反拍击球的动作概念。

（2）原地喂球。建立好正确的挥拍轨迹之后，可以尝试有球练习，先采用原地喂球的方法，建立击球的概念。练习时，教练员可以在发球线附近将球喂在击球者的左前方，在球弹跳到最高处时，击球者进行挥拍击球。这一过程中，教练员要不断纠正击球者的重心转移，要求将球打到对方场地，减少下网次数。

（3）对墙练习。对墙练习要求练习者对自身控球能力较强，站位可以选取离墙 3 ~ 5 米的地方，墙上 1.5 米处为击球的目标区域，尽可能多地增加来回次数。击球时注意重心从后脚向前脚转移的过程，保证触球时手腕绷紧，击完球后随挥上右肩。

（4）移动击球。对于初学者来说，判断球的能力差、跑动意识不明确，因此只能选取小范围的跑动练习方法，让其慢慢掌握跑动击球的节奏。喂球时可以徒手抛在离击球者 3 米的水平位置，让其能在几步之内完成引拍击球，帮助初学者建立从准备到击完球之后回位的节奏。

（5）不定点喂球。这一方法可以有效地提高练习者对球的判断能力和移动能力。教练在网前喂球，将球送到练习者反手位置，不固定喂球的点，每组 10 个球，规定打斜线。

（6）底线多球。教练在网前送多球，在底线和单打边线之间指定一个落点区域，练习者从底线中点出发，前三个球规定打反手斜线球，最后一球规定打反手直线球，每次打完回到中点再准备下一次击球。根据情况规定组数，练习者尽量将球的落点控制在教练规定的落点区域附近。

第三节 截击球基本技术训练技巧

截击球是网前技术中的一种攻击性击球方法，亦称拦网，是指在对方来球落地之前，将球凌空拦截到对方场区内的技术。截击球技术可以在近网时使用，也可以在场内任何地方截击空中球。其优点是击出的球速度快、力量大、进攻性强。通常用于发球上网、接发球上网、随球上网等战术。

一、截击球基本技术及类型

（一）截击球基本技术

一般情况下，在网球运动中，截击球的动作主要可分为以下三个环节。

（1）握拍。由于网前对手回球的速度相对较快，球员没有充分的时间转换拍面，因此截击球通常使用相对居中的握拍法，即大陆式握拍法，这可以使腕部具有较大的活动范围。另外，大陆式握拍法在快速的近网截击时正反手截击都可以使用，不用变换握拍方法。非持拍手轻轻托住拍颈，以保持手腕的固定。

（2）准备姿势。截击球的准备姿势略高于正反拍底线击球的准备姿势，拍头高于握拍手，左手轻托拍颈眼睛注视来球。当对手击球的一刹那，你就应该从对手的击球位置、挥拍动作判断出来球的方向、高度和路线，以便及早起步快速移动。一般将跨步作为准备动作的一部分，因为跨步能使腿部肌肉的预张储存弹性能，使落地时产生爆发力，从而增强运动员快速移动的能力。

（3）挥拍击球与随挥动作。截击球是一个短暂的撞击动作，引拍动作应尽可能小，不要过肩；要用举拍转肩、转体来带动上臂，大、小臂之间不要大于90°，后引时要使肘领先于小臂和拍子；向前迎击来球时，要保持拍头高于手腕，击球时手腕固定，球拍向下向前移动，前脚朝来球方向跨出一步，同时肘部伸展，拍面稍稍扬起使球产生下旋。击球点应保持在身体前方30～60厘米处，高度应与眼睛齐平。击球后，重心随之前移，随后身体各部分逐渐减速，随挥动作幅度一定要小。

（二）截击球技术的常见类型

在网球运动中，截击球技术的常见类型主要可分为以下几种类型。

（1）正手截击球。当判断来球在正手位时，立即转肩带动球拍后摆（后摆幅度尽可能小，以减少失误），左脚向来球方向跨出以增加击球力量。击球时前肩对网，拍头向上侧斜45°，拍面稍向后斜，绷紧手腕，握紧球拍，在身体前面与眼睛齐平的位置迎击球。截击球的动作是短促的挡击或撞击，球拍触球瞬间微微向下，有点像切削球。击球后有一个幅度较小的随挥动作，拍子随击球的方向送出，随后恢复成准备状态，如图2-3-1所示。

图2-3-1 正手截击球的主要动作

（2）反手截击球。一般来说，反手截击比正手截击更容易，因为反手挥拍简小而不复杂，更加符合人体解剖特点。其主要动作步骤，如图2-3-2所示。

1　　　2　　　3　　　4　　　5　　　6　　　7　　　8　　　9

图2-3-2　反手截击球的主要动作

（3）截击近身球。在网球运动中，近身截击多采用反拍，为了迎前加力截击，身体要向左转，做一个快速躲闪动作。截击前，拍横在身前，拍头翘起，手腕绷紧，拍面在体前正对着球，以便进行截击。

此外，截击球技术的类型还有很多，如截止高球、截止低球、截止中场球、凌空抽球等，限于本书篇幅，此处不再一一赘述。

二、截击球技术训练技巧

在截击球技术的训练方面，一般主要是通过以下几种常用的训练方法，来提升截击球技术的技巧。

（1）颠球练习。练习者需采用大陆式握拍法，颠球时尽量将球控制在球拍的甜区，根据水平设定颠球高度和数量。

（2）面对镜子挥拍模仿练习。面对镜子练习截击动作，在练习的过程中，根据技术动作的要领，将动作分解为转体拉拍、上步击球、推送还原等环节，反复练习，熟悉动作过程和动作要领，特别是体会击球瞬间身体重心的及时跟上和动作的连续性、协调性。练习过程中，要注意迎前积极，引拍要小，动作协调，熟悉动作过程。

（3）对墙凌空托传球练习。面对墙壁4～5米站立，用球拍颠球5次，然后正（反）手将球推送上墙，反弹后再用球拍接住，继续颠球5次。连续10个回合后，改颠球4次，连续10个回合后改颠球3次，依次类推，直到直接与墙进行正（反）手截击练习。练习时，要注意脚步积极移动，击球时手腕要固定，拍面对着墙壁。通过这种方法，可以使球员体会截击感觉，学习如何控制截击球的力量。

（4）隔网抛打练习。隔网抛球难度较大，练习者站在离网1米的地方，教练隔网用手抛球，抛出的球高于网 1 米左右，要求练习者每次将球打过球网。

（5）隔网截击练习。两人隔网相距约 2 米站立，连续进行正手截击直线球练习，打尽可能多的回合，之后再进行反手截击直线球练习。可以根据掌握的情况逐渐拉开两人的距离。

（6）抽球截击练习。一名练习者站在发球线附近用正、反手抽球，另一名练习者站在离网 2 米左右的距离进行连续正、反手截击，交替练习。这一练习的主要目的在于提高网前对球的控制能力。

（7）多球练习。喂球者和练习者隔网站在同一条直线上，喂球者在发球线附近喂球，练习者在离网 2 米的位置练习正、反手截击，教练在发球区的两个外角备放一个标志盘，要求练习者击球落点在两个标志盘的附近。

并且，还可以通过网前截击与底线对击和中场互相截击等方法，进行针对性训练。

第四节 削切球基本技术训练技巧

在网球运动中，削切球主要是指下旋击球。其中，反手削球最具代表性。由于削切球具有容易掌握，回球不易失误等优点，为许多网球爱好者所喜爱。并且，反手削球一般是防守性击球，对于扩大击球范围和击球的稳定性很有益处，尤其是当来球反弹高于肩部时用削球来回击是很适宜的。另外，采用削切球来回击也是由守转攻过程中变化节奏的重要技术动作。比如，在一个上旋球后，再使用下旋球，可以有效地改变比赛节奏，并打出平而低、落点多变的球，使对手不易还击。总体来讲，反手削球属于防守性技术，但根据其使用方法的不同，它也可以成为一种很得力的攻击手段。削切球技术的高低，对击球范围的扩大有一定程度的影响，是提高网球爱好者网球竞技水平的一种常用技术。

一、削切球基本技术及类型

（一）削切球基本技术

一般情况下，在网球运动中，削切球的技术动作主要包括以下五个环节。

（1）握拍。削切球技术主要是采用大陆式握拍法，使腕部具有一个比较大的活动范围并更好地控制球拍。

（2）准备阶段及站位。在准备阶段，反手削球的站位同其他击球（正手击球等）方式的站位基本相同，采用两脚自然开立，约与肩同宽，屈膝保持身体平衡。

（3）侧身引拍。当判断来球在反手位，迅速侧身，重心落在后脚上，充分转肩。上体转动时，向后向上引拍，动作幅度不宜过大，并将非持拍手置于拍颈以保持动作的稳定。引拍动作结束时，肘部弯曲，拍面几乎与地面平行并置于肩高处（正手引拍高度比反手略低）。

（4）挥拍。反手削球的力量主要来自重心的向下向前移动和躯干的轻微右旋。挥拍时重心从左腿逐渐向右腿转移，躯干稍向右旋转，肩向前运动并稍向右旋转；持拍手臂从引拍时略高于肩的位置向前向下运动，并向右旋转至髋部高度；持拍手肘关节伸展，小臂前送。在整个向前挥拍过程中，小臂与球拍之间的角度始终保持在约90°，以便更好地控制球拍。非持拍手扶住拍颈随着躯干的旋转辅助向前推送至约胸前位置脱拍，然后顺势向后运动并向左旋转。

（5）击球与随挥动作。击球瞬间重心落在前腿，击球时球的高度约在髋部位置，前后位置约在前脚前20厘米的距离。双肩连线约垂直于网带。击球瞬间球拍约垂直于地面，自上而下击打出下旋球。击球后持拍手臂继续向前向右运动，非持拍手臂继续向后向左运动，形成"展翅"动作。非持拍手向后向左运动可以抑制躯干的过度旋转，以维持身体平衡。击球后拍头大概指向回球运行的方向。此时身体重心落在右腿上，保持身体重心平衡，随后迅速恢复到准备姿势，以便于下一次击球。

（二） 削切球技术的常见类型

在网球运动中，削切球技术的常见类型主要可分为正手削球和反手削球两种类型，详细阐述如下。

（1）正手削球。正手削球技术一般主要是利用正拍削球或推切球，应在对方来球落地的上升期击球，这样才能使得回球速度快，稳定性高。当判断好来球时，迅速侧身引拍，左肩对球网，左脚向右前方跨出的同时，由后上方向前下方挥拍，击球的后上部，击球后拍头应随挥至身体左侧，随后迅速恢复到准备姿势。

（2）反手削球。当来球在反手位时，上体转动，球拍向后向上移动，身体重心后移，并将非持拍手置于拍颈以保持动作的稳定。引拍动作结束时，肘部弯曲，拍面几乎与地面平行并置于肩高处。在右脚向左前方跨出的同时，非持拍手松开，球拍从上而下、从后向前做直线运动，击球的中部或后下部，身体重心需随球拍前移，以加强击球速度和力量。肘部伸直，手腕固紧，拍面在击球时稍微展开，此时非持拍手后摆以维持身体平衡。击球后，球拍随着球击出的方向继续向前下方挥出，让拍子向前平稳运行一段距离后，自然地将拍子随挥到一定高度结束动作，并迅速恢复到准备姿势。

二、削切球技术训练技巧

在削切球技术的训练方面，一般主要是通过以下几种常用的训练方法，来提升削切球技术的技巧。

（1）多球练习。教练站在网前送多球，练习者在球网后 3 米左右，轻轻地用反手削球将球打过网，反复练习；或者教练隔网将球送到发球线，练习者用反手削击落地后的反弹球，反复练习。

（2）对墙练习。刚开始对墙练习时，应该站在离墙近一点的地方，根据掌握的情况，逐渐往后退，同样要求尽可能地增加来回次数。

（3）双人对打练习。两人分别站在场地的对角线上，进行由近到远的反手削球练习。

此外，对于削切球技术的训练，还可以通过挥拍模拟练习、隔网喂球以及其他削切球技术练习等方法，来进一步提升削切球技巧，限于本书篇幅，此处不再进行详细介绍。

第五节　高压球基本技术训练技巧

在网球运动中，高压球又叫杀球，作为一项绝对的强攻性技术，往往意味着得势、得分。高压球是在头顶上用扣压动作完成击球的技术动作，属网前球技术。在高水平的网球双打比赛中，高压球技术非常重要，因为上网进行截击时，对方经常会通过挑高球来摆脱被动，只有熟练掌握高压球技术，才能有效制约对方的挑高球，并利用高压球技术直接得分。另外，高压球技术与截击球密切相关，为了加强网前的攻击力，截击球与高压球要同步提高，否则将失去网前的威力。

一、高压球基本技术及类型

（一）高压球基本技术

一般情况下，在网球运动中，高压球的技术动作主要包括以下四个环节。

（1）握拍法。一般情况下，打高压球时，适宜使用大陆式或东方式正手握拍法。

（2）准备姿势和引拍。球员用侧并步侧身移动，上体后倾，身体全部重心移至后腿。通常需根据来球的质量与形式，在侧身转体并后退的同时，自头部向后引拍，非持拍手向上伸展以保持平衡和协调。准备时，需保持重心在两脚前脚掌上，后腿弯曲，眼睛注视来球，判断来球方向和位置，随时准备扣杀。

（3）挥拍击球。球员在判断来球的击球点后，要迅速移动到理想位置，双脚蹬地、转体、收腹，逆时针旋转。随着躯干、肩的旋转，持拍手大臂内旋上抬，并由于小臂运动的滞后驱使拍头下降，形成"挠被"的动作。随着大臂的上抬，小臂迅速内旋，肘关节伸展、手腕旋内向前作"鞭打"动作。击球点应在球员头部的前上方，拍面与球网平行，与击球方向垂直，非持拍手在持拍臂下方交叉移动以维持身体平衡。高压球发力的关键是手腕扣击，通过运动员手腕的扣击动作，能有效加速拍头的移动速度，加大扣球的质量。

（4）随挥动作。击球后，扣腕动作仍要继续到身体的另一侧，像发球那样完成随挥动作。击完球后，小臂外转，上体跟随球的线路继续向前，身体重心移至前腿，姿势恢复。

使用高压球技术时要注意眼睛自始至终盯住球，在对方挑高球时就马上后退侧身面对球网。而且要调整好步伐，跟进重心，在身体前面击球，击球时要用力扣腕。最后，充分完成随挥动作，迅速恢复到准备姿势。

（二）　高压球技术的常见类型

在网球运动中，高压球技术的常见类型主要可分为以下几种。

（1）近网高压球。近网高压球的击球点偏前，是在对方挑高球落点位于发球线之前时，通过大力扣压的打法，以达到绝杀的目的。

（2）凌空高压球。凌空高压球主要是指以高压球技术迎击对方高空来球，比打落地高压球难度稍大，多在中前场应用。因为凌空球下落的速度比反弹起来再下落的球快很多，击球时机不容易把握，打早了或者迟了都会影响击球的效果，所以除了要求准确的判断和熟练的步法以外，拉拍动作应该更加迅速、及时，挥拍击球也应该更加果断。

（3）落地高压球。落地高压球主要是指以高压球技术迎击落地反弹高的来球。在来球很高时，可以让球落地反弹后再寻找高点扣杀，这样能保证有充足的时间后撤，同时球落地后前冲很少，弹跳平稳，这对高质量的回球十分有益，既可以增加打高压球的把握和信心，又可较好地控制球的落点。打落地高压球需要一边侧身跑位，一边用小的垫步快速调整，同时要高举球拍准备扣杀。击球点的位置和发球一样，在身体的前上方，双脚蹬地，充分伸展手臂，手腕击球时做"旋内"的扣腕动作，争取最高点击球。在击球的瞬间，手腕、手臂和球拍在一条直线上，身体应稍向前倾。击球之后扣腕动作仍旧继续，手臂顺势向下，在身体的另一侧完成随挥动作。当落地球弹跳不够高时，可做屈膝半蹲高压。

（4）反手高压球。反手高压球是当对方挑高球至球员左侧时，球员被迫需要使用反手高压技术的一种情况。在网球各项技术中，反手高压球都算得上难度较大的一类，因其不容易发力且易失误，故运用较少。

二、高压球技术训练技巧

在高压球技术的训练方面，一般主要是通过以下几种常用的训练方法，来提升高压球技术的技巧。

（1）对镜挥拍模仿练习。对着镜子练习高压挥拍动作，体会握拍时手臂"鞭打"动作及判断高压球的击球点。注意保持左手充分上指、球拍上举的击球准备动作。手臂放松，特别是手腕放松，要有明显的肘关节的制动及扣腕动作。

（2）移动中高压球练习。高压球首先练习短距离的移动，即从网前到发球线。然后，进行从网前到中后场的长距离侧后交叉步。

（3）对墙高压球练习。对墙 6 米左右站立，发球击向墙根前 1 米左右的地面，球反弹后到空中，可连续击打高压球后的反弹球，以此提高移动判断能力，体会击球动作过程。在练习时注意由轻到重、由近到远击球。另外，练习过程中需要注意脚步的移动和保持击球动作的连贯性。

（4）击打手抛高压球。练习者主要是采用高压击球动作将陪练员投喂的球凌空扣击过网，体会高压击球的整个过程。练习过程中，要注意调整脚步，控制力量，体会完整高压击球技术。

另外，对于高压球技术的训练，还可以通过隔网喂球、后退高压球练习、全场高压球以及多球练习等方法，来进一步提升高压球技巧。

第六节　挑高球基本技术训练技巧

在网球运动中，挑高球技术已经不仅仅只是在防御时使用，尤其是随着网球进攻型战术的发展，面对抢攻战术的广泛采用，挑高球技术的重要性也越来越突出。所谓挑高球，就是在保证不出界的前提下，使球越过网前对手头顶，落入对方后场区的击球方法。挑高球在网球基本技术中占有十分重要的位置。挑高球技术通过迫使对方回到后场，不仅可以化被动为主动，而且有时可以直接得分，是扭转被动局面的常用技术。

一、挑高球基本技术及类型

这里，我们主要就挑高球的基本技术和主要类型进行详细论述，具体如下。

（一）挑高球基本技术

一般情况下，在网球运动中，挑高球的技术动作主要包括以下四个环节。

（1）握拍及准备姿势。一般情况下，挑高球时一般采用大陆式握拍法。挑高球准备姿势同正、反手击球基本一样，但注意力需要更加集中，面对来球要能准确判断出落点，迅速做出调整并保持重心的平稳。

（2）后摆引拍。引拍动作与正、反手击球动作相似，但要注意，在进攻性挑高球的后摆动作中，手腕的后屈角度要适当增加，与小斜线上旋击球动作一样，要具有一定的隐蔽性；防守性挑高球要求把球击得高而深，因此后摆动作要充分而流畅。

（3）挥拍击球。从侧身对网开始，转动肩部和臀部，拍头稍低于手腕，位于球后，在与前脚平行或稍后位置击球。

（4）随挥动作。随挥动作应尽量充分，蹬腿，转动手腕，向上挥拍，让球上旋。拍头要高过头顶，平稳、流畅地完成跟进动作。动作结束后，迅速恢复姿势，为下一次击球做好准备。

另外，挑高球时有几个技术要点需要注意，即在进行挑高球时眼睛盯住球，边移动边向后引拍；挑高球动作要隐蔽并且要有一定的深度；击球后，迅速回防。

（二）挑高球技术的常见类型

在网球运动中，挑高球技术的常见类型主要可分为防守性挑高球和进攻性挑高球两种，具体阐述如下。

（1）防守性挑高球。防守性挑高球亦称下旋挑高球，一般来采用大陆式握拍法。通常是把球挑过上网者的头顶，挑到另一边的场地深处，其意图并不是急于得分，而是争取时间守住场地。击球动作与普通的正手球是相似的，只是拍面要打得更开些，球拍和手向前上方送出。但有一点需要注意，即不要用太多时间靠近球，这样就会自动地以更开的姿势击球。

（2）进攻性挑高球。进攻性挑高球又称上旋挑高球，大多带有主动性。该球下坠急、落地后前冲强，所以主动上旋挑高球也是一种很有威胁的进攻手段。进攻性挑高球动作基本与底线正、反手上旋击球动作一样，采用西方式握拍法，击球前拍头低于来球，击球部位在球的后部偏下方，击球点在身体侧前，重心落在后脚上。击球后，球拍要充分地随挥跟进，并结束在身体左侧。

二、挑高球技术训练技巧

在挑高球技术的训练方面，一般主要是通过以下几种常用的训练方法，来提升挑高球技术的技巧。

（1）对墙练习。在一堵高墙上标记一个目标，在离墙 15 米左右的距离，进行挑高球的练习。

（2）利用多球进行专门的挑高球练习。先定点练习，然后再在跑动中不定点练习，难度逐渐加大。

（3）端线后自抛球。用正、反手向对方底线做挑高球练习，要求使球的落点靠近底线附近。

（4）网前一人进行高压，一人在底线练习挑高球，尽量做到连续多回合不失误。

（5）网前一人截击或高压，一人在网前练习挑高球，为结合实践可在破网时突然挑高球。

第七节　放小球基本技术训练技巧

在网球运动中，放小球是一种运用较少的击球方法，但运用合理的话，能够调动对手匆忙上网，往往会导致对手因扑救不及而失分。另外，放小球是一项要求手感好、打得稳、打得准的技术，如果小球质量不高会让对手借此机会打出大斜线球，使你被动失分。因此，在一般情况下很少使用放小球技术，尤其切忌在底线时放小球，只能偶然作为突然袭击的武器使用。随着网球技术的不断发展，球员技术也在不断提高，虽然放小球是安全率较低的击球方法，但是由于其隐蔽性与突然性，依然是球员打乱对手节奏、争取得分的有力手段。

一、放小球基本技术及类型

（一）　放小球基本技术

在网球运动中，放小球的技术动作主要包括以下四个环节。

（1）准备姿势。放小球的准备姿势与正、反手击球技术动作相同。

（2）引拍。放小球引拍时与小斜线上旋击球动作一样，要具有一定的隐蔽性。

（3）向前挥拍与触球。利用小臂带动手腕，靠前臂的力量使球拍向前下方轻轻削击球的中下部，以缓冲来球的冲击力。控制好球拍速度，在球拍将要与球接触的过程中放慢拍速，球拍不要握得太紧。触球时拍面打开，眼睛要盯住球。

（4）随挥动作。沿着球的飞行方向做随挥动作，随挥动作要小，迅速跑到有利位置准备下一次击球。

放小球时，要注意以下几个技术要点。

（1）注意力集中，可适当选择类似其他击球技术的准备姿势，制造假象。

（2）掌握时机，尤其是要观察对手的重心。如果对手的跑动重心是向后，就可以放小球。

（3）挥拍速度要由快到慢，拍速控制好，确保动作的隐蔽性。

（4）随挥动作要小。

（5）除非形势极佳，否则不要在关键分的时候放小球。

（二）　放小球技术的常见类型

在网球运动中，放小球技术的常见类型主要可分为以下三种。

（1）正、反手放小球。正、反手放小球是在下旋切削球的基础上，在击球瞬间减慢挥拍速度，同时掌握上托、推送动作，增加细腻球感和控制力度。

（2）反弹放小球。反弹放小球一般在中场附近，当来球下落快，运动员来不及截击，而对方又远离球网时采用。降低身体重心，在球落地前，将球拍伸向落点稍后位置，在球反弹瞬间，向前轻送球拍，球触拍后又反弹过网。击球时，要根据球距离网的距离和来球速度决定拍面触球的角度，同时要把握好击球力度，让球轻轻过网，使对手无法追击。

（3）截击放小球。截击放小球一般在近网截击时运用。截击放小球的关键在于，击球瞬间，拍面有一个明显朝上"舀"的动作，使球产生下旋并把来球的前冲力卸掉，把快速的来球轻轻地放在对方网前。这项技术技巧性极强，必须具备很好的球感方能运用。

二、放小球技术训练技巧

由于放小球技术存在一定的局限性，主要问题是放球的距离问题，太深容易让对手有充分的时间做好击球的准备，太浅容易导致球直接下网。因此，必须多加练习，进而熟练掌握放小球的技巧。

一般情况下，在放小球技术的训练方面，主要是通过以下三种常用的训练方法，来提升放小球技术的技巧。

（1）对墙放小球练习。练习者距墙 5～6 米左右，用切削推送并减速的方法完成放小球动作，等球落地两次或一次后再轻削送球上墙，可用正手或反手练习。并根据自身进步情况，适当加大距离。

（2）反弹放小球自我练习。练习者在底线自己进行抛球，球落地反弹后，用下旋的击球方式进行切球。练习中要注意，保持注意力集中，体会放小球动作方法与控球力量。

（3）凌空放小球练习。练习者自己进行抛球，以高于头顶约 0.5 米的距离为宜，用切削球的方式进行击球练习，以此来提高对球的判断和控球能力。

第八节　其他网球技术

在网球运动中，除了上述网球运动技术以外，还有几种行之有效的典型技术，也是网球运动中不可或缺的重要组成部分。这里，我们主要就其中几种比较典型的网球技术进行详细论述。

一、反弹球技术

在网球运动中，反弹球技术也是比较常用的过渡性技术，主要是指在球落地后刚刚弹起的瞬间，固定球拍角度，借助球弹起一瞬间的力量进行击球的技术。通常情况下，反弹球是在被迫的情况下使用的，主要用来回击对着脚下打来的球，或来不及到位，被迫还击刚从地面弹起的低球。反弹击球需要较强的技巧和时间意识，击球姿势低，难度大。打反弹球时，需要把注意力集中在击球的时机上，眼睛盯准来球，拍面倾斜的角度要适宜。

二、正手侧身攻技术

正手侧身攻技术具有很强的隐蔽性，既可制造空当，又可直接得分。其特点是力量大、速度快、攻势强，是底线进攻型打法中的一项主要进攻手段。同时，使用正手侧身攻技术还避免了反手的弱点，给对手以强大的压力，从而取得优势。底线正手侧身攻技术要善于充分利用身体的转动，为击球创造更多力量。在反手位运用正手侧身攻技术的时机很重要，一般是在对方来球速度慢、质量较差的情况下运用该技术。正手侧身攻技术一般采用半西方式或西方式握拍法。首先，根据来球判断好落点，右脚向左后方撤步同时转身拉拍，左脚紧随向左侧移动成开放式站位，降低身体重心迎击来球。其次，正手侧身攻尽可能在高点击球，理想的手腕高度能有助于提高进攻的质量。如果对方的回球很低，最好的应对方法就是充分地屈膝降低身体高度，用强烈的上旋把球拉起来，保证不下网也不出界。另外，正手侧身攻的击球线路不仅可以打对手反手位空当的外角斜线球，也可以打对手正手位的直线回头球，让对手防不胜防。

三、凌空抽球技术

随着网球技术的全面发展，凌空抽球技术也得到了越来越多的关注。凌空抽球技术是抽球和截击两种技术的结合，主要是针对低质量的来球在中前场、头部高度或肩部附近时，球员以大力抽击的形式将球回击到对方场区的一项进攻型技术。凌空抽球的握拍法同常规击落地球一样，要有完整的引拍动作，并且在侧身转体的同时球拍上举；挥拍轨迹由下向上，击球点在身前，于高点位置快速向前抽击；随挥动作保持完整，击球后球员继续向前移；随挥动作完成后，迅速恢复准备姿势。

当然，网球运动中的技术种类还有很多，如随上击球技术等，限于本书篇幅，此处不再一一赘述，有兴趣的读者，可参考相关资料文献。

第三章 网球运动基本战术及训练技巧

在现代网球比赛中，灵活、有效地运用战术，是赢得网球比赛的重要前提。好的网球运动员，能够熟练掌握多种网球战术，并根据比赛时的具体情况和自身条件，随时对其进行调整，在打乱对方节奏的同时，为自己争取更大的优势。本章主要就网球战术的基本理论、网球单打战术及训练技巧、网球双打战术及训练技巧、底线型网球战术及训练技巧、上网型网球战术及训练技巧、综合型网球战术及训练技巧等方面展开讨论。

第一节 网球战术的基本理论

一、网球战术的概念

所谓网球战术，主要是指运动员在网球比赛中为了战胜对手或者为了取得期望的比赛结果，而采取的计谋和行动。网球战术有广义和狭义之分，具体如下。

（1）广义的网球战术。广义的网球战术是指运动员在比赛中，有针对性地综合运用自身的技术、意志、智能和素质等。

（2）狭义的网球战术。狭义的网球战术是指运动员在比赛中，根据对方的打法类型及技术特点有针对性地采用各种技术的原则和方法。

在比赛中，网球战术是运动员根据比赛中的各种客观因素，综合运用自身技能和能力，进而克敌制胜的过程，是每个网球运动员全面发挥自身各种竞技能力的主要条件。并且，网球战术的合理运用，能有效减少比赛中运动员的耗能。

二、网球战术与网球技术的区别与联系

网球战术与网球技术既有所不同，又存在一定的联系。这里，我们就对二者之间的区别和联系展开论述，具体如下。

（一）网球战术与网球技术的区别

网球战术与网球技术的主要区别如下。

（1）网球技术是指网球运动员通过学习及训练后本身所具有的网球技能，是充分发挥自身体能完成网球技术动作的方法。

（2）网球战术主要是指导比赛的原则和方法，如在比赛中，采用左拉右攻、拉长放短等。

（二）网球战术与网球技术的联系

网球战术与网球技术的联系，主要表现在以下几个方面。

（1）技术是战术的必要条件。只有技术越高，才能更好地执行和贯彻战术的要求，技术掌握得越全面，战术的选择才能更灵活。

（2）只有带着战术意识去练技术，才能练就真正实用的技术。

（3）合理地运用战术是技术得以充分发挥的重要保障。

（4）新技术的出现会有效促进新战术的产生，反过来说，先进战术的出现，也可以在一定程度上促进技术的发展与提升。

二者既有区别又有联系，在相互制约的同时相互依存，并以此来不断进步与发展。

三、网球战术的基本原则

一般地，网球战术须遵循如下几条基本原则。

（1）知己知彼原则。良好的战术运用，一方面要求网球运动员必须要对自己做出正确的评价，另一方面还要学会分析将要遇到的对手的情况，并以此设计一套合适的比赛方案。合理地利用战术能使自己进步更快，获得更大的成功。网球比赛前，运动员除了要对自己的运动情况和技术水平做到心中有数，还要通过观察和分析，了解对手的比赛状态和整体作战情况，客观地摸清对手的打法、技术特点、体能状况、心理素质等基本情况，然后有针对性地制订出自己切实可行的战术方案。

（2）积极顽强原则。良好的比赛状态和气势对网球运动员技术的发挥具有十分重要的作用。因此，在网球比赛中，运动员要积极主动，力争打出气势。比分领先时要积极进取；在打相持球和处理关键球时决不手软；落后时不气馁，敢打敢拼，大胆贯彻自己的战术意识，顽强拼搏到比赛的最后一刻。

（3）攻守平衡原则。网球运动员的所有击球都需要在良好的平衡条件下实施，破坏对手的平衡至少可以使自己先立于不败之地。如打空当、回头球、高位球、低位球、旋转球等，都极有可能破坏对手的平衡，从而逼迫对手回出浅球，进而可以完成最终致命一击。

（4）机动灵活、随机应变原则。机动灵活、随机应变是网球战术的基本原则之一。运动员在比赛中，如果遇到不顺的局面时，必须采用灵活多变的战术，以求克敌制胜。当对手适应自己的战术时，应及时改变战术。例如，可用变线、长短结合等方法使对手左右、前后奔跑；用打空当来调动对方；用打身后球来打乱对方的步法；用组合击球拉开空当等战术增大对方击球难度等。可在交换发球场地时对比赛进行分析，以决定何时改变战术。

（5）技战术的灵活运用原则。技术是网球运动员的具体竞赛技能，战术是技术的灵活性和创造性应用。在现代比赛中，战术只能是作为一种比赛取胜的手段，而不是比赛取胜的绝对条件。运动员只有合理组合运用网球战术与技术，才能够充分地实施自己的战术意图，以控制对手和比赛节奏，这也是现代网球的重要特征之一。

第二节　网球单打战术及训练技巧

一、单打打法的分类

在现代网球运动中，单打打法主要可分为上网型打法、全能型打法和底线型打法三种类型，具体阐述如下。

（1）上网型打法。上网型打法主要是通过发球或随球上网等技术，为上网截击争取更多的机会和空间，并以灵活多变的高质量网前截击和高压球技术，给对手带来更多的威胁和压迫，争取主动得分甚至中场厮杀。发球上网可以分为艺术型（强烈旋转的球）和力量型（大力直线球）两种类型。

（2）全能型打法。全能型打法是指既能发球上网、随球上网，又能在网前和中场激烈厮杀，还能通过底线击球打乱对手的节奏，争取主动局面。

（3）底线型打法。现代网球比赛中，底线型打法被越来越多的选手所采用。通常是在底线击球时，通过改变击球的节奏、球速、落点等来打破被动的局面，进而为自己争取更多优势的一种打法。

二、单打战术要求

对于单打战术的要求，主要包括以下三个方面的内容。

（1）全面发展，发挥特长。没有全面、扎实的技术为基础，战术只会停留在理论层面。因此，每一个网球运动员都要打造全面而扎实的技术基础。另外，特长技术的质量无疑是提高战术质量的基础，但特长技术要演绎为特长战术，还必须经过反复的练习和实践。战术训练的一个根本任务，就是要从个人的特长技术入手，围绕特长技术来考虑战术的安排，解决好特长技术与特长战术之间的脱节现象，培养和建立起以特长技术为依托的个人特长战术。

（2）先声夺人，突出发球优势。网球单打战术的种类很多，但比赛中首先应坚持先声夺人、主动进攻的意识，要把提高进攻能力放在首位，如发球抢攻。因此，除了比赛，日常训练中的战术训练，就要强化对进攻战术的练习，要以"前三板"战术练习为龙头，带动整个战术训练。

（3）灵活多变，主动进攻。在网球运动中，许多进攻机会都是通过巧妙地使用技术创造出来的。运动员需要准确的判断，果断的决策，并通过合理地使用技术和快速地奔跑移动，为主动进攻创造条件。在平时训练中，要从实战要求出发，模拟复杂的比赛状态，只有在对抗的情况下来进行战术练习，才能有效地建立起应变机制，捕捉到有利战机。因此，战术训练的内容要广泛，要具有很强的针对性，并增大对抗的比重，同时还要把握好战术之间的转换和衔接的基本规律，这样才能在比赛中游刃有余。

另外，由于许多球员在关键分的争夺上没有把握好战机而失利的情况时有发生，所以在战术训练时，有目的地安排关键球的战术练习，并帮助球员全面地认识战术，这对于球员更好地掌握战术变化的节奏以及战术本身的变化，是十分有益的。

三、主要单打战术

在单打战术中，最主要、最常用的两种战术就是发球战术和接发球战术，这里我们就对这两种常用的单打战术展开讨论，具体如下。

（一）发球战术

在网球运动中，发球时是最有攻击性的，它是比赛的开始，也是组织战术的起点，其站位应选择既有利于进攻，又便于衔接下一个动作的位置。

在右区发球时，一般站在接近中点线的位置，在中点线附近发直线球易击中对方的反手，破坏其强有力的进攻性击球。在左区发球时，可站在中点线附近或距中点线稍远的位置。

1. 发球战术的类型

在网球运动中，发球战术主要可分为发平击球、发切削球和发上旋球三种类型，具体如下。

（1）发平击球。发平击球时，抛球的位置及击球点在身体的右前方，用力蹬地，充分舒展身体，在最高点利用手腕力量进行击球。以右手持拍者为例，在平分发球区（右区）发平击球时，球员应站在靠近中心处，所瞄准的目标也是中心线。从这个位置上发球，球飞行距离最短，球可以从球网最低处通过，能有效地把球打到发球区，从而有效调动对手。在占先发球区（左区）发平击球时，运动员应站在中心线附近，瞄准的目标也是中心线。与在平分发球区时一样，发球可以从球网上方最低的位置上通过，此时球虽然是发到对手的正手，但是从中心方向接回的球很难打出角度，这对自己进行防守十分有利。

（2）发切削球。发切削球时，抛球的位置及击球点比发平击球都稍稍靠右一点，从球的右侧向左沿水平轴进行横切击球，使之产生旋转。以右手持拍者为例，在平分发球区（右区）发切削球时，运动员应站在离中心线标志向右边线方向横跨一步的位置上发球，瞄准的目标是边线。这样所发的切削球落地弹起后则飞向场外，迫使对手在场地外进行回球。在占先发球区（左区）发切削球时，运动员需要站在靠近中心线的位置上，瞄准边线发球。球弹起后向左飞，这能有效增大对方接发球时的难度。

（3）发旋转球。发旋转球时，抛球比发平击球稍稍靠左一点，击球也偏向左侧。此时在稍稍低一些的位置上触球，击球时好像是从左下向右上搓擦似的将球击出去，使球产生旋转。同上，在平分发球区发旋转球时，运动员应站在靠近中心线的位置上，瞄准对方的中心线。旋转发球落在对方场地后弹起是向后右侧高高地飞去，而对于接球者来说，球已弹到其反手侧。而在占先发球区发旋转球时，运动员要站在距中心线一步远，瞄准边线。由于发球有角度，旋转球落地后弹起时直逼对手后侧，这会对对方的接球产生一定的影响。

2. 发球战术的基本原则

在网球单打战术中，发球过程一般遵循以下几条基本原则。

（1）攻击对手的反手侧。攻击对手的反手侧通常会使对手接回来的球攻击性减弱。

（2）发边角球。发边角球的主要目的是使对方场区出现空当。

（3）发深球。发深球的主要目的是使对手的回球攻击性差。

（4）发"追身"球。对手在面对"追身"球时，很难做出高质量的回击。

（5）发旋转球。发旋转球的主要目的是使对手的回球质量差或丢球。

（6）变换发球的落点。变换发球的落点主要是为了掌控比赛的节奏。

（7）变化发球角度。以变化发球角度的形式对对手形成突袭，会使对手的回球质量差或使对手在措手不及的情况下产生丢球。

3. 发球时常用的战术组合

发球时把球发向外角（1），把对手拉出场外，再根据对手回球线路决定将球打向场地另一侧空当（3），如图3-2-1所示。

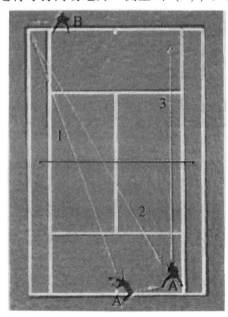

（a）示意图一　　　　　　　　（b）示意图二

图3-2-1　网球单打发球战术示意图

（二）接发球战术

在现代网球运动中，接发球是破发的基石，其重要性不言而喻。好的接发球可以在一定程度上扰乱对手的进攻，打破对手的进攻节奏，从而为自己争取更多的优势，这离不开球员准确的预判、合理的步法以及正确的击球手法。下面我们就对接发球的有关技巧进行详细论述。

1. 接发球战术的类型

在网球运动中，接发球战术主要可分为平击球的接法、切削球的接法和上旋球的接法三种类型，具体如下。

（1）平击球的接法。对于平击球的接法，一般主要是在底线稍后1～2米并且靠近单打边线的区域站好位置。由于平击球的速度快、力量大等特点，所以接球时引拍动作要小，不必使用很大的力气挥拍，只需拍面对准来球轻轻将球顶回对方场地即可，但可以争取把球打深。

（2）切削球的接法。通常情况下，对于切削球的接法，在平分区站位应尽量向边线靠近。由于切削球的前冲力和强烈的旋转，所以接球时应及早准备，抢在球的方向改变之前击球，并尽可能打深的对角线球。

（3）上旋球的接法。由于上旋球落地后明显地带有强烈的向上旋转，导致球落地会高高弹起，十分不利于回球。所以，运动员应尽可能向前，在球弹起之前将球击回或在球下落的时候击打。另外，用切削来对付上旋球，也是一种有效的处理手段。

2. 接发球战术的基本原则

在网球单打战术中，接发球过程一般遵循以下几条基本规则。

（1）不要妄想一击得分，主要是能把球顺畅地击到对方的场地内。

（2）主要向对方的弱侧回球。

（3）根据自己的能力，主动变换接发球的角度、速度和旋转方式等。

（4）积极主动判断对方的发球意图和来球的质量，并积极调整自己的接发球位置。

（5）如果没有好的接发球机会时，力求将球打深，而不打网前球。

（6）在接上旋球时，采用侧身正手攻或用削球的接发球技术，可能会有意想不到的效果。

3. 接发球时常用战术组合

接发球时（接大角度发球时）的常用战术组合，如图3-2-2所示，主要是用打斜线球的方式把球回探到底线1～2米之间（2）的位置。

四、单打战术训练技巧

在网球单打战术的训练方面，一般主要是通过以下几种常用的训练方法来提升网球单打战术的技巧。

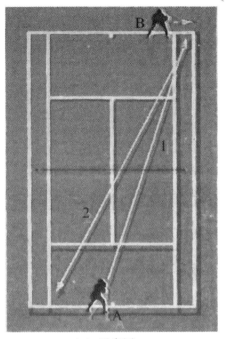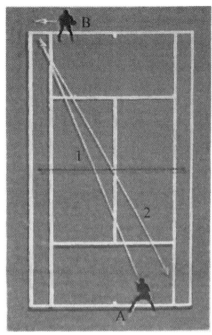

（a）示意图一　　　　　　　　　（b）示意图二

图 3-2-2　网球单打接发球战术示意

（1）节奏变化练习。两人从底线 1 对 1 对打开始。打 4 拍，主练者前 3 拍打陪练者所在位置的正手位或者反手位（可预设情景），第 1 拍拉上旋高球，第 2 拍快速击球，第 3 拍拉上旋球高球。第 4 拍打开角度，对方出浅球随上直接得分。陪练者回球尽量不失误配合练习，第 4 拍可选择防守，防守成功形成相持。

（2）跑动中变线突击练习。底线对打，教练送球至正手位，主练者正手斜线两拍，快速移动至反手位反手直线一拍，再快速移动至正手位正手直线一拍。练习过程中，起动、到位、变向要快，到位后站稳迎前击球。

（3）中场浅球练习。教练送中场半高球，主练者随上进攻打开角度（正手外角或反手外角），陪练者防守回球，主练者选择上网或退回底线形成相持。第 1 拍由教练预先告知主练者打正手外角或反手外角，或者由主练者自己选择。

（4）由守转攻练习。两人从底线站位开始，教练在场边送中场半高球，主练者随上进攻，陪练者防守，主练者可以根据教练喂球位置以及对手情况，选择上网拦截或退回底线击球。由教练预先告知主练者打对方的正手位或反手位，以便更好地形成后续的相持，或者由主练者自己选择。

第三节　网球双打战术及训练技巧

在网球运动中，双打强调的是两个人的团结协作，相互鼓励，相互谅解，相互信任。只有这样才能在思想上和行动上协调一致，形成默契。双打技术主要是建立在单打技术的基础上，同时对运动员的技术要求更全面。双打战术最基本的准则是控制网前，能否控制网前是比赛成败的关键。

一、双打战术的特点

双打战术的特点主要表现在以下几个方面。

（1）团结协作，配合默契。双打是两个人协同作战，双打队员应相互信任，配合默契，相互鼓励，相互谅解。只有这样，在思想上和行动上协调一致，才能增强比赛斗志，战胜对手。

（2）发球局获胜率高。由于双打比赛的发球局中，经常是一名运动员抢占网前进攻位置，再结合另一名运动员高质量的发球进攻，从而有效地提升了发球方的获胜概率。尤其是在势均力敌的较量中，打抢七时的发球分至关重要，不可轻易丢失。

（3）网前争夺。在双打比赛中，控制了网前的制高点，就有更多的机会进攻得分。在目前的双打比赛中，只有极少数的双打运动员主要依靠在底线击球得分，大部分的双打比赛得分都是通过网前运动员的抢网而获得的。因此，能否控制网前是双打比赛成败的关键。

（4）技术全面，取长补短。高水平的双打比赛对于球员击球技术的要求更加全面。随着现阶段比赛中凌空击球的次数明显增加，并出现了许多高难技术，如接发球破网、截击挑高球和放轻球、追小球破网等，这都是双打战术的需要。双打运动员在技术上必须互相了解，取长补短，在比赛中应多为同伴创造机会。

二、双打战术的基本站位

目前，双打比赛中常用的站位方法有以下四种。

（1）底线站位。底线站位主要是指接发球员与同伴都站在底线，同时根据对方发球与网前的威胁以及发球与网前的成功率调整站位，如图3-3-1所示。一般适合网前技术不成熟的初学者使用。

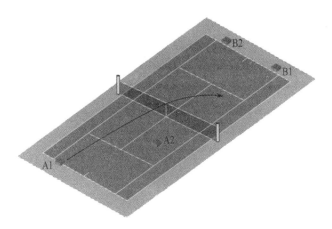

图 3-3-1　底线站位双打示意图

（2）前后站位。前后站位也就是一前一后的站位方式。站在发球方的角度来看，队友需站在网前，发球员则站在底线稍靠近边线处。而接发球方的站位则根据发球员的发球落点和速度站在底线后或底线内，同伴站在发球线与球网之间，如图 3-3-2 所示。

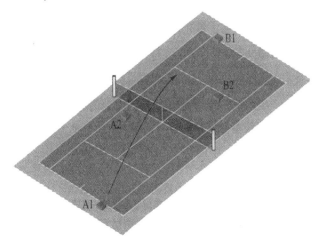

图 3-3-2　前后站位双打示意图

（3）"I"型站位。"I"型站位是指发球员的搭档站在网前中线的位置，发球员的站位靠近"T"点，如图 3-3-3 所示。

（4）澳大利亚式站位。澳大利亚式站位是一种比较典型的双打站位，发球员和搭档都站在中线的同一侧，发球员的站位靠近"T"点，发球后迅速移动到球场的对侧，如图 3-3-4 所示。

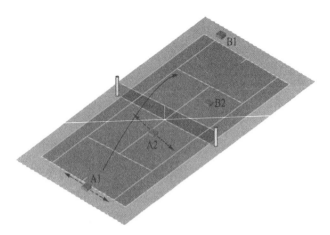

图 3-3-3 "I"型站位双打示意图

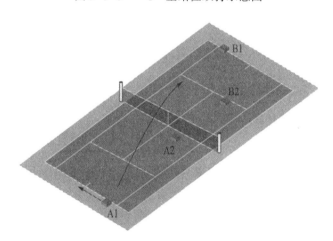

图 3-3-4 澳大利亚式双打站位示意图

三、主要双打战术

在网球双打战术中，主要包括发球局战术和接发球局球战术两种，具体如下。

（一）发球局战术

1. 发球局站位

首先，我们需要对发球局的站位和发球落点的关系有所了解。在网球双打比赛中，发球方的攻击性不仅仅是力量和速度上的体现，准确和多变的落点也是进攻优势的重要保障。一般情况下，只要是靠近底线中点发向对方发球区内角的球，都会使对方的接发球质量不高，进而会给网前同伴的抢网争取更多优势，如图 3-3-5 所示。

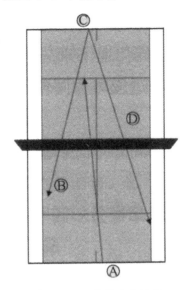

图 3-3-5　底线中点站位

另一种则是在底线两侧，甚至靠近单打边线的位置进行站位，这种站位能将球有效地发向外角，并且结合侧外旋的发球技术，那么球在落地后会更加向外倾斜，进而把对方拉出场外回击，使对方中间区域出现空当，如图 3-3-6 所示。

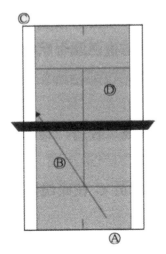

图 3-3-6　底线两侧站位

2. 发球局主要战术

发球局主要战术包括发球局上网战术、发球局上网抢网技术以及澳大利亚网前技术三种类型，具体如下。

（1）发球局上网战术。发球上网战术为了提高一发球命中率，通常是用八成的力量发出平击或不同旋转类型的球来改变落点，然后快速上网。而对于第二发球的处理，也要利用平击或不同旋转类型的球来改变落点，从而为上网争取机会。发球局上网战术主要包括双打一区发外角上旋球后双上网战术（见图 3-3-7）和双打一区发内角上旋球后双上网战术（见图 3-3-8）。

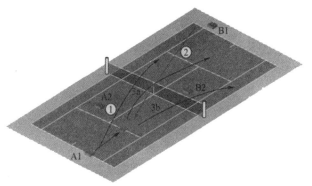

图 3-3-7　双打一区发外角上旋球后双上网战术示意图

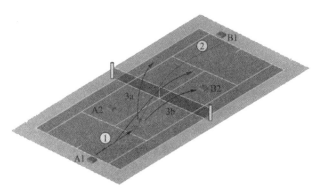

图 3-3-8　双打一区发内角上旋球后双上网战术示意图

（2）发球局上网抢网战术。发球上网抢网战术首先需要网前伙伴的手势沟通，告诉发球员发球的落点，并确定是否上网抢网。此战术的运用可以有效干扰对方接发球，为发球上网、网前得分及抢网得分争取机会。另外，发球员的发球质量和落点的变化也需要加强重视。抢网时，一般是网前伙伴横向拦截对方球员打过来的斜线球，其战术示意见图 3-3-9。

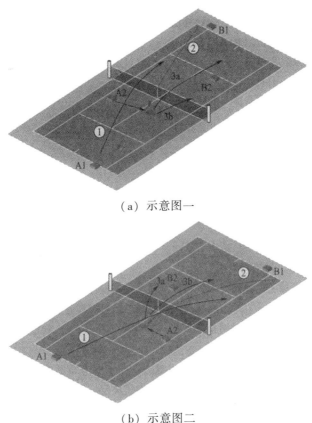

（a）示意图一

（b）示意图二

图 3-3-9　发球局上网抢网战术

（3）澳大利亚网前战术。此战术能有效破坏对方接发球的节奏，从而为发球上网后的网前截击和抢网争取更多的优势。同样，在发球前，网前伙伴也要进行手势沟通，告诉发球员发球的落点，并确定是否上网抢网。另外，此战术对发球员的第一发球的命中率有着更高的要求，其战术示意见图 3-3-10。

（二）接发球局的战术

接发球的质量对于接发球战术运用得成功与否有着直接的影响。在运用接发球局战术时，要根据对方发球及网前的攻势，提高己方接发球的质量，做到灵活机动，防止无战术意识的回击，应主动进攻、积极上网。接发球战术主要有以下几种类型。

（1）接发球双上网战术。当对方发球时，接发球员要判断准确，向前到底线还击，然后随接发球上网。由于上前迎击球，因此回接球的速度比较快，能给对方发球上网截击或抢网造成很大威胁，如图 3-3-11 所示。

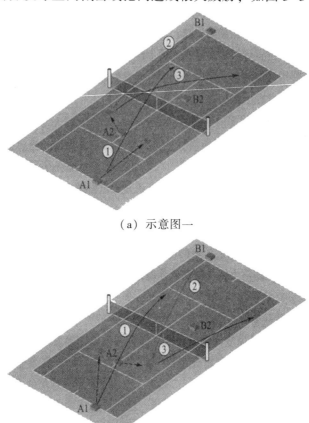

（a）示意图一

（b）示意图二

图 3-3-10 澳大利亚网前战术示意图一

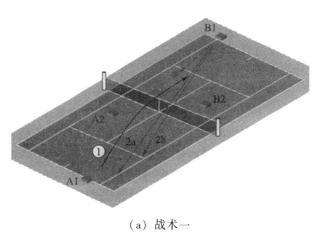

（a）战术一

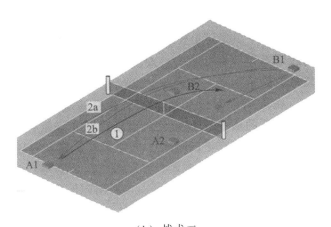

（b）战术二

图 3-3-11 接发球双上网战术

另外,采用双上网战术时,首先应选择好正确的基本位置,一般距网 2～3 米。其优点在于不仅能进而且能退, 既能击高于球网的强有力的进攻性来球, 也能迅速后撤对付对手的挑高球。其次, 同伴应保持适当的位置, 距离不宜过大。防止对方从两者的结合部位突破, 造成网上的被动。最后, 同伴之间要形成默契, 当对方回球在两者之间时, 正手击球者击球更为有利。

（2）接发球抢网战术。接发球抢网战术经常被运用在高水平的双打比赛中。采用这种战术, 能够使对方发球上网者增加中场截击球的心理负担而导致回球失误或回球质量不高, 如图 3-3-12 所示。

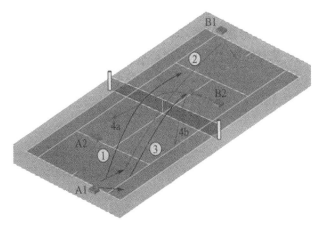

图 3-3-12 接发球抢网战术

（3）接发球双底线战术。底线战术是一种防守性的进攻战术, 主要是为了破坏对方快速进攻的节奏，利用底线战术伺机反攻或诱使对方失误，如图3-3-13所示。对接发球员来说，应注意接发球的成功率，然后再寻找机会进行反击，破网要打得凶狠，可采用准、低、快的抽球击向对方两人之间。接发球方还可以向对方两底线对角或对方两边线位置击球。

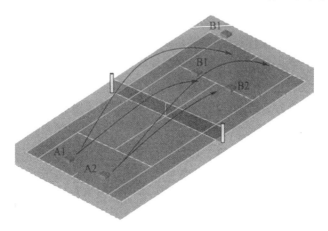

图3-3-13　接发球双底线战术

（4）接发球挑高球战术。在双打比赛中，挑出带有进攻性的上旋高球，能控制对方上网的速度，使对方上网时有所顾虑，同时能有效地破坏对方的击球节奏，变被动为主动，如图3-3-14所示。

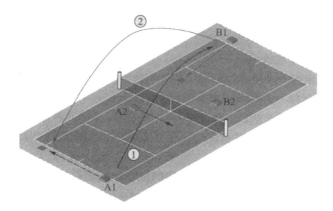

图3-3-14　接发球挑高球战术

另外，在网球运动双打比赛中，接发球员的站位一旦确定，则在该盘中不得更换。因此，接发球方需要综合考虑自身技术水平及比赛的具体情况，以此来确定更有利于己方的站位。

四、双打核心策略

对于双打中的核心策略，本书主要是从双打中的发球策略、截击策略和抽击球策略三方面进行论述，具体如下。

（1）双打中的发球策略。在网球运动双打中，网球运动员首先是要保证一发的成功率，然后需要考虑发球的形式，以便同伴更加容易地接到回球。如图3-3-15所示，一般情况下，一发应尽量将球打到对方接球选手的反手侧，这样才能有效限制接球选手的移动路线，使对方的回球质量不高，进而为同伴的截击创造条件。如果把球发到了对方正手接球的一侧，则要加强防范对方的直线球，如图3-3-16所示。

图3-3-15 反手侧发球示意图

图3-3-16 抢击球示意图

（2）双打截击策略。双打截击是现代网球比赛中重要的得分手段。如回球较高，就要用高空截击打直线球的方式打击对方，如图 3-3-17 所示。如果球被打到边角，为了防止对手上网抢攻，就必须使用边角球，如图 3-3-18所示。

图 3-3-17　快速截击示意图

图 3-3-18　边角球示意图

（3）双打抽击球策略。抽击球主要是把球按来时的路线打回去，可以适当地旋转低球（如图 3-3-19 所示）。运用抽击球的方式进行击球，能有效迫使截击者进攻，如图 3-3-20 所示。

图 3-3-19　旋转低球

图 3-3-20　抽击球策略

五、双打战术训练技巧

在网球双打战术的训练方面，一般主要是通过以下几种常用的训练方法，来提升网球双打战术的技巧。

（1）徒手发球上网练习。球员 A 和 B 在底线右区，球员 C 和 D 在底线左区轮转做发球徒手动作后上网，跑至发球线后做一次分腿垫步，然后做一次徒手截击动作后，回到底线，以此来练习发球后随球上网动作的连贯性。练习时要注意每一个动作衔接自如，步伐要灵活。

（2）发球上网连续拦截练习。球员 A 和 B 两人轮转在底线做无球发球动作后上网，在发球线前做分腿垫步，将教练在对方场内送来的第一个球拦回发球区附近，然后向前移动到网前做分腿垫步，将教练送来的第二个球拦回发球区附近，要注意移动与拦截动作的连贯协调，要拦截出斜线球，如图 3-3-21 所示。

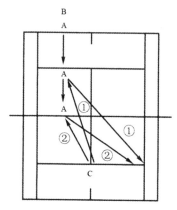

图 3-3-21　发球上网连续拦截练习

（3）澳式发球上网截击练习。球员 A 发球上网，球员 B 接发球；球员 A 根据来球的情况向左或向右前方移动，拦截对方的来球，如图 3-3-22 所示。

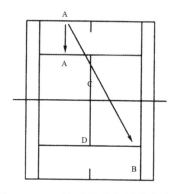

图 3-3-22　澳式发球上网截击练习

（4）接发球上网练习。球员 A 发球，发球后不上网；球员 B 接发球，接球后随球上网，截击球员 A 的回球，接发球后上网要果断，截击球落点要深。

（5）接发球双上网练习。球员 A 和 B 轮转发球，发球后不上网；球员

C 接发球，接球后球员 C 和 D 同时上网，截击发球队员的回球。练习时，接发球方上网要果断，发球方要力争破网。

（6）接发球双上网网前对抗练习。球员 A 和 B 轮转发球，发球后上网；球员 D 接发球，接球后球员 C 和 D 同时上网，与发球方进行二对一截击对抗，接发球方要注意网前的配合。

第四节　底线型网球战术及训练技巧

底线型打法战术是以进攻性打法为前提，以正、反手抽击球为基础组织的战术。底线型打法战术的指导思想是通过速度、力量、准确、旋转和落点的变化来取得胜利。采用底线型打法的球员，极少上网截击。另外，采用底线型打法时，球员要有扎实的正、反手击落地球的技术，且要有较强的攻击性，使对手难以上网。

一、底线型打法的主要战术

在网球运动中，底线型打法的主要战术包括防守反击战术、对攻战术、拉攻战术、紧逼战术和侧身攻战术五种类型，具体如下。

（一）防守反击战术

防守反击战术主要是指利用良好的底线控球的能力，通过准确的预判、快速的反应、灵活的步法、充沛的体力、准确的击球等特点来有效调动对手，进而打乱对手的节奏，为进行反击创造更多的机会。防守反击战术，应用范围较广，比赛中对一些常见战术，能有较好的应对作用，主要表现在以下几个方面。

（1）对手采用底线紧逼进攻战术。对于这种情况，运动员可将球击打至对方底线两边的大角深处，通过采用底线正、反手上旋球技术，使球落地时更加往场外倾斜，更大限度地调动对手跑动，然后伺机反攻。

（2）对手采用发上旋球战术。对于这种情况，运动员接发球时可积极迎上，通过借力击球的方式向着对方脚下或两边小角度进行击球，增加对方回球的难度。

（3）对方运用随球上网战术。对于这种情况，运动员应提高破网第一板的成功率和突击性，以及破网的质量，加快击球的节奏。回球时主要向对方的空当或身体方向击球，使对手回球质量不高，为下一次的破网反击争取机会。

（二）对攻战术

对攻战术主要是利用底线抽击球所具有的强大的连续进攻能力，通过灵活主动地改变击球的速度和落点，进而有效地调动对手甚至打乱对方的节奏，以此来争取更多优势和机会的一种底线型打法，其战术示意见图3-4-1。在比赛中运用对攻战术时，一方面可以通过连续使用强有力的抽击球攻向对手的弱势区，以此压迫对方；另一方面，也可以通过改变落点或者从底线两个角度来调动对方大角度跑动，从而寻找机会进攻得分。

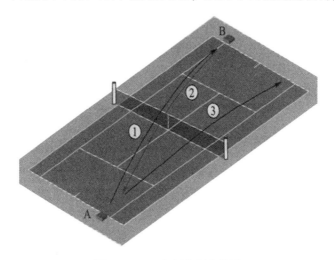

图 3-4-1　对攻战术示意图

（三）拉攻战术

拉攻战术主要是以底线正反手拉上旋球为主，迫使对方来回跑动，从而寻找机会进行反击的一种比较普遍的战术，其战术示意见图3-4-2。在比赛中运用拉攻战术时，一方面可以通过强力的上旋球向对方底线两边的大角深处击球，使得球落地后更加向场外倾斜，以此来充分调动对方，再寻机反攻；另一方面，在拉上旋球时也可以适当加些小斜线球，增加对方的跑动距离，降低对方的回球质量，进而伺机进攻。

（四）紧逼战术

紧逼战术主要是以较快的节奏对对方进行攻击的一种重要战术，也是进攻型选手常用的一种战术，其战术示意见图3-4-3。在比赛中运用紧逼战术，可以有效地增加对手的心理压力，使对手疲于应对，进而出现失误。

运动员一方面可以连续逼攻对手的反手位并结合突击正拍的方式，打乱对方的节奏；另一方面，也可以通过紧逼对手底线两个大角的方式，使对方的回球出现失误，并为上网创造更多的机会。

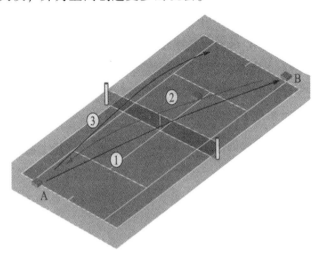

图 3-4-2　拉攻战术示意图

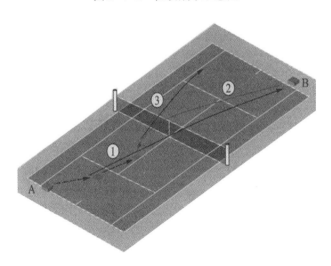

图 3-4-3　紧逼战术示意图

（五）侧身攻战术

侧身攻战术是底线打法中主要的进攻手段，一般是通过利用强有力的正拍抽击球并结合准确的预判和灵活的步伐，来给予对方一定的压迫，其战术示意见图 3-4-4。在比赛中运用侧身攻战术时，运动员一方面可以连续用正拍进攻对手，反手控制落点；另一方面，也可以全场逼攻对手的反手位，压制住对手，再进行突然变线或连续打出重复球，以此来破坏对手的重心，使之出现失误或失分。

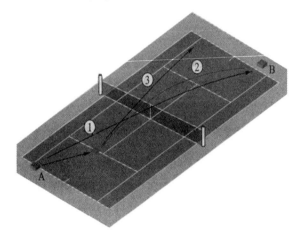

图 3-4-4 侧身攻战术示意图

二、底线型打法常用战术组合

如图 3-4-5 所示，当球员（A）遇到浅球时（2），可以通过直线（3）攻击的方式调动对手，强有力的击球可以让自己上到网前。

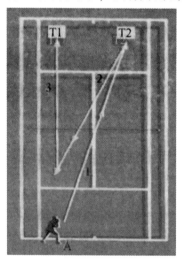 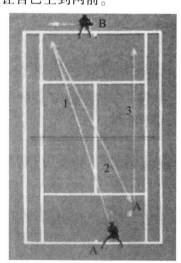

（a）示意图一　　　　　　　（b）示意图二

图 3-4-5 底线型打法示意图

三、底线型打法训练技巧

在网球底线型打法的训练方面，一般主要是通过以下几种常用的训练方法，来提升网球底线型打法的技巧。

（1）底线原地击球练习。陪练员在对面半场持拍送球，球员站在底线中点附近进行连续击球练习，每次击球都须完成完整动作。练习中要及时纠正错误动作，保证练习质量，可变换击球路线，如直线或斜线等。其目的是让练习者体会主动发力的过程，提高击球质量和落点的控制能力。

（2）底线跑动中击球练习。陪练员在对面后场持拍送球，球员站在右侧底线和单打边线交界处附近开始移动并击球，每侧向移动4步，完成一次击球，移动至左侧单打线后结束，回到起点重复练习。练习中要及时纠正错误动作，保证练习质量和连续性。可设置标志物，提高练习质量和难度，加强底线击球能力。练习时要注意移动和击球的配合，击球点要精确，移动要快速，击球动作要协调。

（3）斜线"2+1"战术练习。此练习主要是在底线进行对抗，通过正/反手斜线相持变线，训练球员斜线相持中的变线能力。主练者正手斜线两拍后，第三拍变直线，形成相持，如图3-4-6所示。练习中要早准备早拉拍，控制速度和落点，但首先要保证回球的成功率。

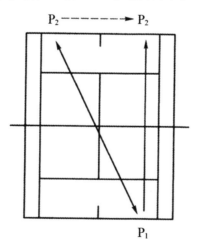

图3-4-6 斜线"2+1"战术练习

（4）直线"2+1"战术练习。此练习仍是在底线进行对抗，主练者正手直线两拍后，第三拍变斜线，形成相持，训练球员直线相持中的变线能力，如图3-4-7所示。练习中要早准备早拉拍，控制速度和落点。练习时同样是先要保证回球的成功率。

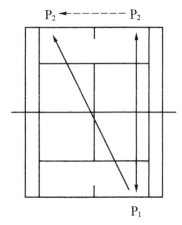

图 3-4-7　直线"2+1"战术练习

另外，还可以通过底线变线与节奏运用练习，训练球员在对抗中回球方式的选择能力、攻防节奏调整能力以及球员自身的控制性与稳定性。

第五节　上网型网球战术及训练技巧

上网型打法主要是要积极创造一切机会和条件上网，以网前进攻为主要得分手段。上网型打法首先要求球员发球有力、落点变化多、上网速度快。其次，中场截击攻击力要强，要为近网攻击创造机会；近网截击迎前动作要快，击球角度要大，落点也要有较多变化。再次，随球上网击球位置要高，判断要准；打高压球时要判断准确并快速反应和移动，下拍要坚决果断，注意保护后场。最后，上网型打法应积极主动，具有攻击性。

一、上网型打法战术

在现阶段网球比赛中，上网型打法战术主要是利用网前进攻作为得分的主要手段，其大致可分为以下四种类型的战术。

（一）发球上网战术

在网球比赛中，发球上网战术是上网型运动员主要的得分手段，通常在一发情况下使用较多，具体存在以下四种情况。

（1）一区一发侧旋球。该战术要求把球发至对方外角，然后快速移动到发球中线偏左，如图 3-5-1 所示。其目的主要是为了封住对方正手的直线球，把球截击到对方反手区，以此来调动对手，控制比赛节奏。

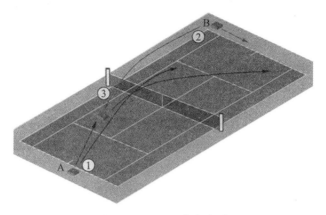

图 3-5-1　一区外角发球

（2）二区一发上旋球。该战术要求把球发至对方外角，然后快速移动到网前发球线偏右，如图 3-5-2 所示。其目的主要是为了封住对方反手直线球，把球截击到对方正手区，以此来调动对手，控制比赛节奏。

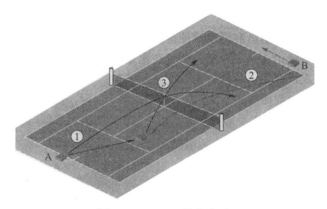

图 3-5-2　二区外角发球

（3）一区一发平击球或上旋球。该战术要求把球发至对方内角，然后快速移动到网前发球线中线，并把来球截击至对方底线正、反手深区，以此来调动对手，控制比赛节奏，如图 3-5-3 所示。

（4）二区一发平击发球或侧旋发球。该战术要求把球发至对方内角，然后跑动到中场处，并把来球截击至对方正、反手深区，然后再随球跟进，准备近网截击，以此来调动对手，控制比赛节奏，如图 3-5-4 所示。

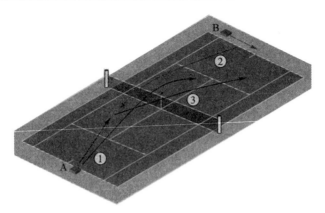

图 3-5-3　一区内角发球

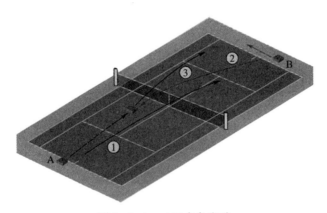

图 3-5-4　二区内角发球

在以上四种战术执行中，有以下几个要点需要注意：首先，如果准备发球上网，发球时重心要上升，击球点要稍靠前，这样便于重心前移和快速移动上网。其次，上网时机一般在发急速旋转球后或外角侧旋球后，上网的位置应根据个人的技术情况及对手来球的角度和高度等因素而定，一般站在距离球网 2～2.5 米处。再次，上网时要一边上网，一边观察对方来球，在对方击球瞬间要有一个急停判断，然后再第二次起动，向前移动并占据有利位置。最后，中场第一拍击球的质量要高，成功率也要高，并要有一定的深度，尤其是要确保一发命中率在 70% 以上，这样才能发挥出发球的威力，为上网创造条件。另外，还需要注意发球的落点，旋转要有变化，以便破坏对方接发球的节奏，为上网创造机会。

（二）接发球上网战术

所谓接发球上网战术，主要是通过采取快速多变的各种手段来接发球，随后果断抢攻上网或用切削球技术上网的一种战术。接发球上网战术（主要是接二发球）主要存在以下几种情况。

（1）接一区外角二发时，可用正手抽击或切削球技术回击直线上网，如图3-5-5所示。

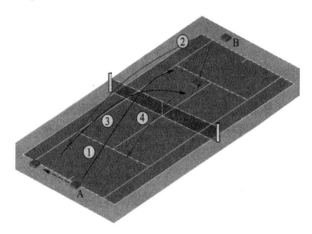

图3-5-5 一区外角接发球上网

（2）接二区外角二发时，一般采用打直线上网为佳，利用反手抽击或切削球回击对方弱点上网。这有两方面的好处，一是距离短，对方准备时间短；二是上网后容易封住角度。其战术示意见图3-5-6。但是要注意，对方发球瞬间，应立即进入底线，准备迎上接发球并及时判断来球落点，迅速调整球与身体之间的距离；击球时身体前迎，后摆动作要小，借助身体力量及球的反弹力量，在高点进行击球；击球后，根据球的落点，迅速随球移动，准备上网进行拦截。

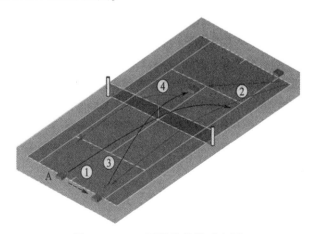

图3-5-6 二区外角接发球上网

（3）接一区内角二发时，可用反手抽击或反手切削球回击对方反手上网，如图 3-5-7 所示。

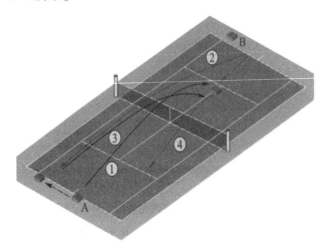

图 3-5-7　一区内角接发球上网

（4）接二区内角二发时，可用正手侧身抽球回击对方弱点上网，还可用正手抽击或切削球回击对方左右两点上网，如图 3-5-8 所示。

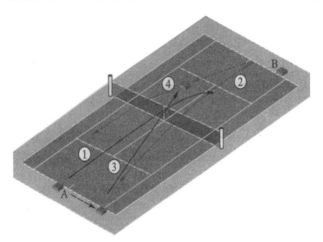

图 3-5-8　二区内角接发球上网

（三）随球上网战术

在网球运动中，随球上网战术主要是在面对对方质量不高的中场球时，果断采用正反手抽击或削球，然后随球上网的一种战术。随球上网战术主要通过改变发球的旋转、球速和落点，使对方接球时出现质量不高的短球或中场球。如利用底线上旋球把对方压在底线后面，当对方出现短球时突击上网；又如在底线利用大角度击球造成对手放小球或削球后，立即突击上网。

在使用随球上网战术时，有以下几点需要注意。

（1）球员步法起动要快，主动迎上，并在高点进行击球。

（2）随球上网时，击球的成功率和质量要高。

（3）通过平击、上旋、下旋、切削等打法，来不断改变随击球的打法，进而打乱对方的节奏。

（4）要准确预判随击球的斜、直线落点，并积极移动，迅速贴近网前进行封网。

（四）偷袭上网战术

在网球运动中，偷袭上网战术主要是指在比赛中所运用的变换上网战术，以战术的突然改变来进行偷袭，以此扰乱对方的攻防节奏。在运用发球上网战术时，如果对方已适应，可改用伺机随球上网战术。这样通过战术的改变，以达到偷袭和扰乱对方的目的。而在底线对攻中，在对方专注于底线打长球时，突然加力或者拉上旋高球或打向对手反手深区，以此来偷袭对方，经常会获得意想不到的结果。

但是，在使用偷袭上网战术时，思路要清晰，头脑要灵活。另外，战术的变化要及时、果断，这样才能达到打破对方进攻及防守节奏的目的。

二、上网型打法常用战术组合

如图3-5-9所示，在上网或网前时，球员应沿直线（1）上网，之后用斜线截击（3），在截击时，球的理想高度应是高于球网。如图3-5-10所示，当对手上网或在网前时，如果你的对手（球员B）向你的反手侧（1）上网，用直线球（2）穿越；若你的对手把球击向你的空当（3），用上旋挑高球打向对手的反手侧（4），迫使对手转身救球，为自己创造进攻机会。

三、上网型战术训练技巧

在网球上网型打法的训练方面，一般主要是通过以下几种常用的训练方法，来提升网球上网型打法的技巧。

（1）网前原地击球练习。陪练员在对面半场持拍送球，球员站在网前区域进行连续击球练习，每次击球都须保证动作完整，及时纠正错误动作，保证练习质量。练习中，球员要降低重心，体会击球弧度。

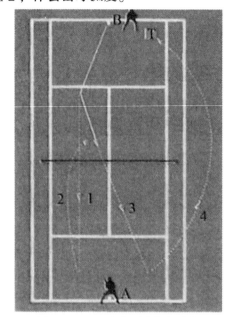

图 3-5-9 网前战术示意图　　　图 3-5-10 对手上网战术示意图

（2）网前跑动中击球练习。陪练员在对面半场持拍送球，球员从左侧发球线和单打边线交界处附近开始移动并击球，每侧向移动两步，完成一次击球，移动至右侧单打线后结束，回到起点重复练习。熟悉后可提高练习难度，加强移动中击球的能力。练习中，球员要注重移动和击球的配合，移动要快速，动作要协调。

（3）网前抢高点击球练习。陪练员在对面半场持拍送球，球员站在中场发球线附近进行击高点球练习，每次击球都须完成整套动作，加强击打高球的能力，体会不同击球点的发力感觉。练习时，球员拉拍要高，多向前发力，挥拍轨迹略平。

第六节　综合型网球战术及训练技巧

综合型网球战术是底线型和上网型两种网球战术的综合运用，主要是根据对手的实际情况而采用不同打法，随机应变的一种网球战术。综合型网球战术，要求球员基本功要扎实、技术要全面，并能根据不同的对手和不同的技术，灵活地变化战术打法，做到攻守平衡。综合型打法的战术特点是积极主动、技术全面、战术变化多样、具有非常稳定的发挥。

一、综合型网球战术

综合型网球战术应用范围较广，对于比赛中的一些常见战术，能有较好的应对作用，主要表现在以下几个方面。

（1）对付发球上网型打法。对于这种打法的应对，主要是采用接发球破网技术为主，也可以在保证接发球成功率的前提下，准备第二板破网。

（2）对付接发球上网型打法。在对手采用接发球上网型打法时，运动员需要提高一发命中率并不断变换发球的方式和落点，以此来控制场上的主动权和节奏。

（3）对付随球上网型打法。应对这种战术时，运动员主要是要采用底线长球技术以及底线两个大角度的调动技术，破坏对方的上网意图和计划。

（4）对付底线上旋球打法。在应对这种打法时，运动员需要采用发球上网或随球上网战术进行进攻压制，也可以用正手进行对拉或反手切削控制落点变化的形式，打乱对手的节奏，伺机反攻。

（5）对付底线稳定型打法。在对手采用底线稳定型打法时，运动员需要采用发球上网或随球上网技术进行压制，或者采用底线紧逼战术，也能有效打乱对方的节奏。

二、综合型战术训练技巧

由于综合型战术主要是上网型和底线型战术的综合运用，所以对于综合性战术技巧的训练，主要是基于这两种类型战术的训练。这里简要阐述几种常用的训练方法。

（1）原地定点多球练习。原地定点练习，使球的高度和位置相对固定，降低了球员的击球难度，有利于巩固击球技术，提高击球技术动作的熟练性和稳定性。练习方法包括原地侧身站立击落地（或不落地）球练习、原地准备姿势站立击落地（或不落地）球练习。

（2）短距离/长距离抛球练习。短距离/长距离抛球练习有助于手上技术动作与脚下步法移动的协调配合。由于在原地定点击球练习的基础上增加了练习难度，球员不仅要准确判断来球的落点、高度和角度等，同时需完成拉拍上步、转腰击球以及收拍随挥的完整动作。练习方法包括原地侧身击手抛球练习、原地准备姿势击手抛球练习和侧向移动击手抛球练习等。

（3）隔网多球练习。在送球的力量、速度、落点、节奏等因素的多样组合下，提高球员击球的难度，有利于提高其技术动作的熟练性和稳定性，有利于加强进攻和防守能力。练习方法包括中场（底线）跑动击球练习、网前对抗练习、底线对抗练习和底线直线和斜线球对打练习等。

由于综合型网球战术的复杂性，所以对于它的训练也是从多方面进行的，训练方法多种多样，限于本书篇幅，此处不再进行详细介绍，有兴趣的读者，可参考相关资料文献。

第四章　网球运动员身体素质与心理素质训练

在网球运动中，无论是平时的娱乐还是正式的比赛，只要双方的实力接近，要想决出胜负，都需要很长的时间，这对运动员的体能以及心理都有着较高的要求。所以，运动员如果想在这种情况下发挥出自己的最佳水平，一方面要进行一些结合网球专项的身体训练，另一方面还要对自己的心理素质进行训练。尤其是在对抗激烈的比赛中，良好的身体素质和心理素质更是比赛获胜的重要保障。本章就来讨论提升网球运动员身体素质和心理素质的训练方法。

第一节　网球运动员身体素质训练

网球运动员的身体素质主要包括力量、速度、耐力、灵敏、柔韧度以及协调能力六个部分。这里，我们就对这六个能力的主要训练方法进行详细讨论。

一、运动员力量训练

在网球运动中，没有持久性的力量竞赛，而多是以爆发性的力量动作呈现，如大力发球、高压球等动作。因此，网球运动员也要训练肌肉的力量，以便提高肌肉的爆发力。运动员对于力量的练习，主要目的是为了增加自身的力量和重量，练习方法包括仰卧起坐、俯卧撑、蹲跳等。这里，我们主要就几种比较普遍适用的训练方法进行详细论述。

（一）上肢力量训练方法

对于网球运动员上肢力量的训练，主要包括以下几种方法。

（1）引体向上和双杠臂屈伸。练习者双手反握单杠，通过弯曲手臂使身体向上，以下巴过杠为宜，如图4-1-1所示。运动员也可以用正握杠做引体向上，主要是锻炼上肢的肱二头肌。双杠臂屈伸是练习者撑上双杠，通过屈肘使身体下降，再通过伸臂使身体上移。做此练习时要争取连续多做几次，并且要经常性地练习。

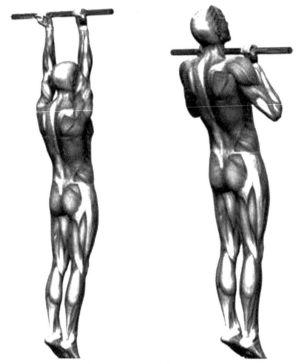

图 4-1-1 引体向上示意图

（2）哑铃练习。哑铃练习的训练方法主要有以下三种动作类型：第一种，运动员两脚左右开立，两手持哑铃置于体侧，连续做两臂平举接上举至头的动作；第二种，运动员两腿并立，两手持哑铃，连续做扩胸动作；第三种，运动员两脚左右开立，右手持哑铃置于肩上，连续向上做臂屈伸动作，然后换左手做。这三种练习的运动量，要根据本人情况而定，要遵循从小到大的原则，力争发展身体这几个部位的肌肉群。

（3）哑铃正、反握腕弯举。练习时，运动员需跪在举重训练椅上，用手肘支撑在椅子上，手臂弯曲大约90°，使用正握和反握两种方式握住哑铃（掌心向上、向下），将前臂靠在椅子的边缘上，通过弯曲手腕慢慢降低哑铃，如图 4-1-2 所示。重复上述动作，以此来提升前臂肌群的耐力，尤其是腕关节和肘关节。

（4）前臂内、外旋哑铃。练习时，运动员需跪在举重训练椅上，如图 4-1-3 所示，用手肘或前臂支撑在椅上不动，保持肩膀稳定，用一只手握哑铃，慢慢地控制前臂外旋、内旋的动作，轮换左右手练习，重复上述动作。锻炼前臂肌肉，有助于快速击球，同时降低手腕和肩部受伤的风险。

图 4-1-2　哑铃正、反握腕弯举

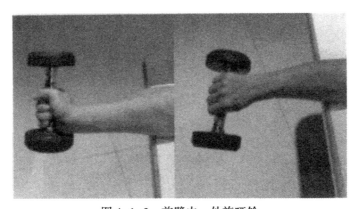

图 4-1-3　前臂内、外旋哑铃

（5）俯卧撑。俯卧撑是一个很好的通用锻炼，运动员需头、肩、背、臀、膝盖和脚在一条直线上，保持水平姿势；手臂伸开，手掌平放在地板上，双手与肩同宽，双脚并拢，用脚趾支撑下半身的重量；通过慢慢弯曲手肘，将躯干贴近地板表面，保持脊柱处于中立位，重复上述动作。

另外，有条件的话，还可以进行拉力器的相关训练，如拉力器下压、拉力器过臂屈伸等，都能有效锻炼手臂部位的力量。

（二）腰腹力量训练方法

对于网球运动员腰腹力量的训练，主要包括以下几种方法。

（1）哑铃练习。哑铃练习的训练方法主要有两种动作类型。第一种，运动员两脚左右开立，间距大于肩宽，两手握哑铃，身体前屈，按顺时针方向，连续做腰部大绕环动作，然后换逆时针方向做；第二种，运动员两脚左右开立，两手握哑铃置于肩上，先左后右连续做体侧动作。这两种练习的运动量，同样要根据本人情况而定，要遵循从小到大的原则。

（2）仰卧两头起。练习者面朝下躺在地上，双臂伸直，放在头前，保持大腿伸直，双脚放在地面上。腹部用力，双手和双脚同时用力快速摆起，双手空中触及脚面，膝盖保持伸直。随后双脚慢慢放下，回到开始位置。重复上述动作。在进行仰卧两头起练习时，运动员还可以结合俯卧两头起的锻炼方法进行训练。

（3）屈膝仰卧起。练习者平躺在地上，臀部和膝盖弯曲 90°，双脚离地，双手置于耳朵旁；肩膀抬起，上背部离开地面，用力收缩腹部，使胸部向前，同时要保持下背部接触地面；重点是收缩核心肌群以带动身体运动，随后慢慢降低上背部和肩膀到起始位置。重复上述动作。

（4）平板支撑。练习者俯卧，双肘弯曲支撑在地面上，肩膀和肘关节垂直于地面；双脚踩地，身体离开地面，躯干伸直，头部、肩部、胯部和踝部保持在同一平面；腹肌收紧，盆底肌收紧，脊椎延长，眼睛看向地面，保持均匀呼吸。保持这个姿势尽可能长的时间。

（5）侧式卷腹。练习者平躺在地上，双脚伸直稍微高于地面，双手置于耳朵旁。开始做仰卧起坐和卷腹运动时，左腿屈膝抬起同时转动身体，右肘移向左膝，慢慢放回身体回到开始的位置。接下来重复上述动作，左肘移向右膝。

另外，俄罗斯扭转、蝎动转腰等也都能有效锻炼腰腹部的力量，运动员可根据自身情况和具体条件选择合适的方法进行锻炼。

（三）下肢力量训练方法

对于网球运动员下肢力量的训练，主要包括以下几种方法。

（1）跨步跑。如图 4-1-4 所示，首先在一块空地上交错画 10 个直径为半米的圆，并排成两列，纵、横圆心间的距离均为 1.5 米。然后，练习者从起点开始，用单跨步依次跨跳 10 个圆圈。但在跨跳时，只能单脚进圆圈。练习量及时间可因人而异。

（2）深蹲。练习者在头后方放置一个杠铃，担在肩部，双手握住杠铃，保持合适的距离；双脚分开大约与肩同宽，脚尖向前或略分开；从起始位置，慢慢弯曲膝盖，将体重推向脚跟，如图 4-1-5 所示；保持背部挺直，降低身体直到大腿与地面平行；伸展膝盖回到起始位置。重复上述动作。

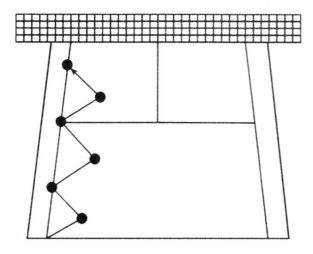

图 4-1-4　跨步跑示意图

图 4-1-5　深蹲示意图

（3）弓步下蹲。练习者双脚分开与肩同宽站立，双手各握一个哑铃，手臂伸直放在体侧；保持直立姿势，一只脚伸向前方，将身体重量转移至该脚上，前腿膝关节弯曲90°成弓步，大腿与地面平行；后腿尽可能伸直，后腿膝盖不要碰到地面；随后立即收回前脚，并返回到起始位置，另一只脚迈向前方。左右脚交替重复上述动作。

（4）手持哑铃弓步下蹲。练习者双脚分开与肩同宽站立，双手各握一个哑铃，手臂伸直放在体侧；掌心向内，挺胸抬头，两肩放松，保持身体重心稳定；左右脚分别做弓步腿，前腿膝盖弯曲不超过90°，后腿膝盖不要碰到地面，慢慢回复到起始姿势；两腿交替重复上述练习。

对于下肢力量的训练方法还有很多，如负重半蹲跳、负重全蹲跳、双手抱头深蹲跳、持续站桩等，都是行之有效的训练方法。

二、运动员柔韧度训练

柔韧性也是人体运动功能的组成成分，柔韧性的训练通常是通过各种伸展练习来实现的。对于柔韧性的练习，应在力量训练前或训练后进行，并提前做好热身活动，这样才能取得良好的训练效果。

（一）上肢柔韧度训练方法

运动员上肢柔韧度的训练方法主要包括以下几个方面。

（1）颈部伸展。运动员需双腿盘起坐在地上，使下巴尽量触胸，眼睛要不时地左右来回转动或往上看，还可以用耳朵去触及肩膀，左右两边重复进行。每种伸展动作以持续10秒以上为宜。

（2）肩部伸展。如图4-1-6所示，运动员用左手抱住右肘，将其向胸部拉，用手推肘来收缩三角肌，持续5秒，将肘放于头后重复动作，左右肩变换进行，手臂在身后双手交叉伸展。

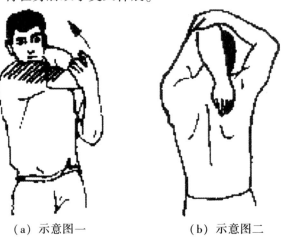

（a）示意图一 　　（b）示意图二

图4-1-6　肩部伸展

（3）三角肌拉伸。如图 4-1-7 所示，运动员用左手抱住右肘置于头后，拉伸肘部，随后尽量向左侧微屈，直到有牵拉感，持续 30 秒，重复右边。

图 4-1-7　三角肌拉伸

（4）肘和腕的伸展。如图 4-1-8 所示，运动员需要把肘伸直，保持掌心向上，用另一只手慢慢地拉扯手腕向后伸展；或保持手掌向下，并尽量地将手腕向下伸，以此来牵拉手臂前、后部的肌肉，左右手交替进行。

图 4-1-8　肘和腕的伸展

（5）肘部翻转。运动员双手交叉于胸前，十指交叉，屈肘做腕关节由下向上翻转，手臂伸直，随后由上向下翻转，手臂伸直练习。左右交叉变化，重复 8～10 次。

（6）臂走练习。身体前屈做好准备姿势，手臂先慢慢向前方的地面做行走的动作，当躯干拉伸到极限时，直腿（双腿不能屈膝）向手臂方向行走，本练习通过手臂和腿部的牵拉，带动核心部位的稳定平衡能力。

（7）股四头肌伸展。如图4-1-9所示，运动员需要保持身体直立，用左手握住左踝，持续5秒，慢慢地将左脚跟向臀部拉。重复做另一边，并且每边持续30秒。

图4-1-9　股四头肌伸展

（二）腰部及下肢柔韧度训练方法

对于网球运动员腰部及下肢柔韧度的训练方法，主要包括以下内容。

（1）内收肌伸展。如图4-1-10所示，运动员两腿分开约两英尺，右

图4-1-10　内收肌伸展

膝略弯站立，进一步地屈右膝，直到左腿内收肌有牵拉感，持续 30 秒，并重复进行另一侧。

（2）体侧压腿。练习者上体正直，双手掌心相对，前举，弓箭步跨步，一手向后展开成双手侧平举状态，随后用力向腰一侧做体侧运动。左右脚和左右体侧交替进行。

（3）提踵抬腿。练习者单腿支撑站立，双手抱住小腿，或抬起踝关节，用力向上拉伸的同时提踵。回到起始位置，换另一条腿支撑，重复该动作。

（4）大腿后部肌肉伸展。如图 4-1-11 所示，运动员需要坐在地上，将左腿向前或向身体侧面伸，通过用手触摸伸展腿的脚后跟，以此来放松大腿后部。练习时需要保持后背平直，头部抬起，腰部向伸展的左腿所指方向前屈，持续至少 30 秒，再进行右腿。

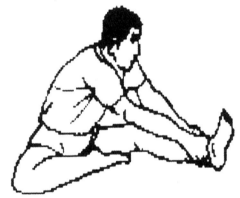

图 4-1-11 大腿后部肌肉伸展

（5）后背伸展。如图 4-1-12 所示，运动员需要平躺在地上，一腿保持伸直，另一腿屈膝并用手抱紧，向胸部靠近，两腿交替进行。

图 4-1-12 后背伸展

（6）俯卧伸背。练习者俯卧，双手伸直支撑地面，腹部着地。上体尽量上抬持续 8 ～ 10 秒，进行 3 ～ 5 次，髋部和腿要放松。

（7）仰卧抱膝伸展。练习者仰卧于地面，放松双肩，完全伸直双腿和双脚，脚尖绷直。膝盖弯曲，将右腿蜷向胸前，双手握住右膝盖下方。保持该姿势 5 秒，回到起始位置。换另一条腿重复该动作。

（8）腓肠肌、小腿前部肌肉、踝关节伸展。如图 4-1-13、图 4-1-14 所示，运动员需要保持两脚开立与肩同宽，手扶墙壁，约一臂距离。在保持膝关节完全伸展和略微向里牵拉的情况下，进行以下锻炼。

图 4-1-13　腓肠肌伸展

图 4-1-14　小腿前部肌肉、踝关节伸展

①在保持两脚的后跟接触地面的前提下，将右脚向后方滑动约两英尺。

②牵拉膝关节前部并慢慢地向前移动骨盆，直到腓肠肌有牵拉感，保持动作持续 30 秒。

③尽量弯曲右膝，使小腿前部肌肉有牵拉感，持续 30 秒，两腿交替进行。

④膝关节伸直，保持站立，使脚尖指向上，两踝分开约 12 英寸，用脚尖做最大程度的环绕动作，每方向做 15 次。

（9）髋部转动。练习者仰卧，躯干挺直贴地面，大腿抬起，膝关节弯曲成 90°。转动髋部使大腿尽可能贴近地面，随后转动到另一边，转动过程中保持肩部紧贴地面。

三、运动员速度训练

网球运动中的速度，包括反应速度、起动速度和各种距离的跑动速度。特别是反应速度，对运动员的预测和决定起着非常重要的作用，是完成战术的重要因素。所以，提高网球运动员的速度，对其临场发挥有着积极促进的作用。关于运动员速度的训练方法，主要有以下几种。

（1）快速跳绳。练习者以最快的速度跳绳，膝关节适度弯曲，上体保持紧张。教练员可喊出单脚跳、双脚跳、高抬腿跳、双摇跳等命令，使练习者跳绳方式不断变化。

（2）循环速度练习。如图 4-1-15 所示，练习者需要从 A 处开始跑到 B（侧身跑），再跑到 C（向前冲刺跑），再跑到 D（侧身跑），最后，跑到终点（向前冲刺跑）。

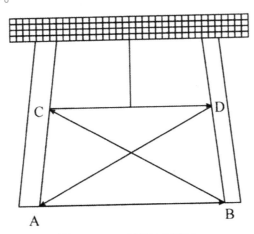

图 4-1-15　循环速度练习

（3）快速抢球。练习者围绕半片网球场慢跑，在场地中央放置网球，球的数量比练习者的人数少 2 ～ 3 个。练习者跑动中听教练员的口令随时准备抢球。

（4）碰线移动练习。如图4-1-16所示，练习者从双打边线外开始向前跑，用手碰最近的线，然后用后退步至开始时的位置，再向前跑动，用手依次去碰场上所有的线。此练习可两人分别站在半场内同时练习。

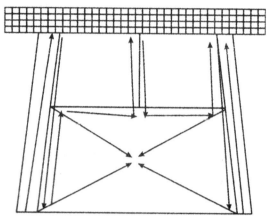

图4-1-16　碰线移动练习

（5）曲径移动练习。此练习的目的是掌握短距离、快速的停、起步移动来适应场上的变向移动。如图4-1-17所示，其练习过程如下所述。

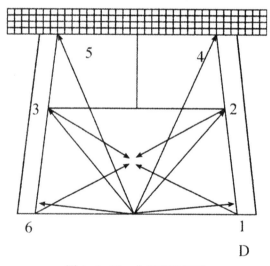

图4-1-17　曲径移动练习

①练习者需要手持球拍沿着双打边线快速跑动至网前。

②用球拍触及球网后，沿着单打边线用后退步回到端线。

③练习者再手持球拍向前跑至发球线时，变成垫步跑至发球线中央。

④练习者再沿着发球线向前跑，用球拍碰网。

⑤触网后，练习者需要用后退步跑至发球线。

⑥练习者再手持球拍，用侧垫步跑步到另一单打边线，向前跑用球拍碰网。

⑦触网后沿着单打边线后退至端线。

⑧沿着双打边线向前跑至网前。

可重复进行练习，并通过计时的方式，来加快练习速度。

（6）四球移动练习。如图 4-1-18 所示，在双打边线外放好四只球后，进行以下过程的练习。

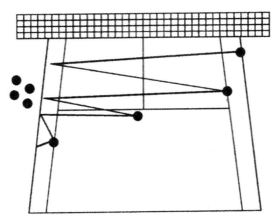

图 4-1-18 四球移动练习

①练习者拿着第一只球快速冲刺至最近的边线，把球放在线上。

②快速跑回拿第二只球，冲刺至下一条线上，同样把球放在线上。

③重复同样的动作，直至把四个球都放在不同的线上。

练习时，练习者也可把所有的球都放在线上，然后跑到最远的一条线上，把球依次捡回来。

（7）围追堵截练习。如图 4-1-19 所示，在一块场地中间画两条平行线，相距 2 米，将参加者分为人数相等的甲、乙两组，面对面站在线旁。在场地两端各画两条终点线，与平行线相距 20 米。

①当发令员喊出数字"1"，两组队员原地不动。

②发令员喊出数字"2"，甲组队员迅速跑动去追拍乙组队员，乙组队员立刻转身向本方终点线奔跑，最后以抓获较多队员为胜方。

③发令员喊出数字"3"，乙方则去追拍甲方，方法相同。

练习时，一名队员只能追拍对应的一人，并且不能继续追拍已跑到终点线的队员。

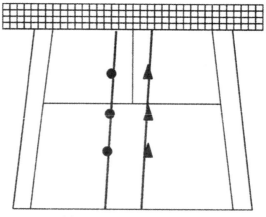

图 4-1-19　围追堵截练习

（8）快速接球。练习者在网前背对球网站定，教练在其身后抛球过练习者头顶，练习者看到球后，迅速向前奔跑并接住球。

四、运动员耐力训练

关于运动员耐力方面的训练方法，主要有以下几种。

（1）一般持续性跑步。跑步的强度控制在一般范围内，如图 4-1-20 所示，一般持续性跑步分为以下六个部分。

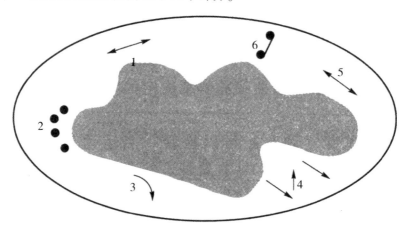

图 4-1-20　一般持续性跑步

①三次 5 米往返冲刺（需换两次方向）。

②3 组 4 次伸展跳。

③3 次 5 米爬坡冲刺。

④3 次折线冲刺。

⑤3 次侧向滑步冲刺。

⑥3 组 4 次侧跳。

每个阶段可间歇 45 ～ 60 秒，每轮过后慢跑休息 5 分钟，持续时间以 45 ～ 60 分钟为宜。

（2）连续台阶跑。练习者在台阶上连续跑三千步，向下走时尽量放松。心率恢复到 100 次/分时进行第二轮练习。重复 5 ～ 10 轮，每轮间歇 2 ～ 3 分钟。

（3）3 分钟以上跳绳。练习者原地跳绳 3 分钟。在心率恢复至 120 次/分以下后开始下一次练习，重复练习 4 ～ 6 次，每次间歇 5 分钟。

（4）澳式折返跑。从底线中点开始，顺时针方向移动到网球两线的交点处，摸线再折返回起点，共 12 个点。从前往后的移动必须面向场地后退跑。

（5）冲刺加移动步法练习。练习者在进行二百米、三百米或者四百米全力冲刺跑后，马上开始 45 秒（或 1 分钟）的全场移动步法练习。完成两项为一轮，中间没有间歇。每轮之间可间歇 5 分钟。

（6）变速跑。练习者在田径场上进行变速跑、弯道慢跑，直到加速跑，3 ～ 4 圈为一组，重复练习 2 ～ 3 组，每次间歇 5 分钟。

（7）重复爬坡跑。练习者在 15° ～ 20° 的斜坡上进行上坡跑。间距 50 ～ 80 米，重复 5 ～ 8 次，每次间歇 2 ～ 3 分钟。

（8）立卧撑。练习者需要保持直立，开始后进行下蹲，两手撑地，保持腿伸直成俯卧撑，然后收腿成蹲撑，最后站起直立。每次做 1 分钟，重复练习 4 ～ 6 组，每组间歇 2 ～ 3 分钟。

（9）接地滚球。两人间隔 3 ～ 5 米面对面站立，一人用手向左右两侧抛地滚球，另一同伴应快速移动，用手触摸来球，并且中间不要有停顿。每组练习 2 ～ 3 分钟，重复练习 2 ～ 3 次。

（10）网球场法特莱克训练法。练习者绕球场慢跑 5 分钟；快速从场地一侧双打边线移动到另一侧双打边线跑 1 分钟；原地连续收腹跳 30 个；从底线到网前的往返跑 2 分钟；慢跑 5 分钟；上网截击球和后退高压球 3 分钟；慢跑 5 分钟。练习 2 ～ 3 组，每次间歇 5 分钟。

（11）组合技术练习。组合技术练习可分为三个步骤进行。

①左右移动连续底线抽击球练习，30 ～ 50 个球为一组，每次练习 3 ～ 5 组。

②前后移动正反手网前截击球与中后场高压球交替练习，20 ～ 40 个球为一组，每次练习 3 ～ 5 组。

③左右移动并进行底线抽球、网前截击、高压球组合练习，每组打5个球，连续完成5个为一组，每次练习8～10组。

另外，踢足球也是一种较好的训练方式，每周进行一次足球比赛，可提高运动员的速度、耐力和灵敏等素质。当然，对于耐力方面的训练还有很多，此处不再一一列举。

五、运动员灵敏训练

灵敏素质主要是指运动员在比赛中遇到突然变化的情况下，随机应变地采取快速、协调行动的能力。这对动作的技、战术效果起着不容忽视的作用。关于运动员灵敏方面的训练方法，主要有以下几种。

（1）快跑急停。运动员快速向前跑，由陪练员随时发出急停信号，运动员收到信号后，单脚急停或双脚并拢急停。练习中，信号间隔要适当，不能过长或过短。

（2）下垂掷球。在网球场上或练习场，教练员站在运动员前面，向下掷球，可以使用不同的球以产生不同的弹跳类型。运动员准备好并将注意力集中在球上，在球第二次弹起时，运动员必须接住它。在运动开始期间，保持躯干直立，用手在不同方向运动。抓球时，运动员要保持动力平衡。

（3）颜色球练习。在网球场或运动场，运动员要对教练员喂给他们的不同颜色的球（建议使用4种颜色的球）做出不同的反应。在开始做动作前，运动员双脚站在球场上，腿微屈，保持躯干直立，用胳臂在不同方向上移动，并完成相应的循环练习，以此来提升运动员的反应能力和调整能力，提高身体移动速度和移动技巧。练习中，运动员应该准备好随时做出反应并把注意力集中在教练员身上。

（4）"六边形"跳。练习者站在一个边长约60厘米的六边形里，面向起跳线，按一定的方向，在六边形相邻线的内外之间连续跳跃，尽可能快地跳3圈。练习中始终保持脚不能触碰边线，同时保持身体的方向不变。

（5）抛接网球练习。练习者将球向上抛起，即刻下蹲双手触地，再迅速站起用右手把球接住。也可采用不定点抛接球训练。

另外，灵敏性训练不应该与其他训练分开，而且应当作为其他身体素质训练的补充，与其他训练方法同时进行。如把发展速度和灵敏性的方法组合在一起，可以给教练员提供一个创造训练情景的机会。速度训练不能被局限在反复的短距离冲刺上，因为网球运动员要在各个方向上活动并且要不断地改变节奏，以此来激发运动员的灵敏性。

六、运动员协调能力训练

关于运动员协调能力方面的训练方法，主要是以两人抛接球的方式进行练习，具体如下。

（1）两名学员按截击对打的站位方法，互相抛接 2 个或 4 个网球，随着速度的加快，做到无失误的多个回合，以锻炼手眼协调能力。

（2）两名学员分别站在网的两侧，每人手中各拿一个球，A 把球扔给 B，同时 B 也将自己手中的球抛过头顶，然后接住 A 的球，并抛回给 A，最后再接住自己刚才抛向空中的球。如此循环，过程中球不能落地。随着练习的进行和学员水平的提升，可改为每人各拿两个球，再进行上述过程。

（3）两名学员分别站在网的两侧，每人手中各拿一个球，A 手中拿一个球，B 把球放在球拍上，A 把球抛给 B，同时 B 用球拍将自己的球送过头顶，然后把 A 抛过来的球以截击的方式打回去，最后将刚才自己打向空中后又落下的球再次打向空中，如此循环。练习过程中要注意，A 抛来的球不能落地。在该训练中，可以适当地引入竞争机制，通过两人比赛的形式进行练习，能更有效地刺激选手的兴趣，提高他们的注意力。

（4）两名学员分别站在网两侧的发球区内，每人一只手拿球拍，另一只手拿篮球，他们必须在各自发球区内对打，同时还要拍篮球，每次击球中至少要拍一次篮球。也可以在每一次击球后，球拍要换手，同时拍篮球的手也换手。

（5）两名学员分别站在网两侧的发球区内，按落地球或截击球等要求回球，这就需要选手按照既定的目标调整自己的击球节奏。注意在击球过程中要确保过网。

第二节　网球运动员心理素质训练

随着网球运动的快速发展，运动员在身体与技术方面的差距越来越小，很多职业运动员的水平基本不相上下，靠某种战术压倒对方的现象已不存在。而更多的网球运动员、教练、裁判以及球迷们发现，良好稳定的心理素质成为运动员体能和技战术以外的另一重大影响因素。综合观察发现，能稳定地发挥高水平技术的职业球员，一般都具有很强的心理素质，包括自信心、注意力、行为动机和情绪控制等。

在网球运动中，几乎每一次战术上的决策或反应都与心理活动有联系。如图 4-2-1 所示，给出了网球运动员的心理能力与其他技术能力的联系。

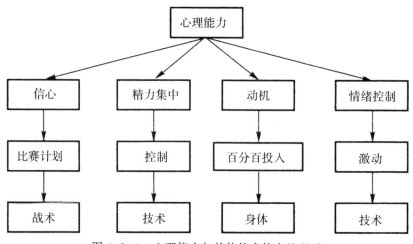

图 4-2-1　心理能力与其他技术能力的联系

一、心理素质训练的分类

一般情况下，心理素质的训练主要可分为一般心理训练和比赛心理训练两种。一般心理训练主要是指在专项训练中改善运动员的心理过程，对运动员的心理潜力进一步挖掘，从而使运动员的个性心理特征得到改善，提升心理自我调节控制的能力；比赛心理训练主要是运用心理自我控制调节的技术和手段，形成良好的心理状态，以激发运动员的参赛动机，提高运动员合理运用体能、技战术意识，进而取得优异的比赛成绩。

二、心理素质训练的意义

心理素质训练的特点主要包括以下几个部分。

（1）有意识、有目的。

（2）是对运动员必须具备的各种心理素质的提高和完善。

（3）是对运动员心理品质和个性心理特征的全面而系统的教育过程。

心理训练和身体、技术、战术训练构成了现代网球运动训练的基本内容。它体现了现代网球运动水平的提高，在很大程度上依赖运动员心理、智力、知识水平等因素的发展规律。在网球运动中，运动员不仅承受了一定的生理负荷，而且承受了较大的心理负荷。因此，如何提高运动员的心理素质、改善心理机能，是运动训练中必须重视和解决的重要内容之一。这里，我们主要就心理素质训练的意义进行详细阐述，具体如下。

事实表明，如果没有良好的心理训练水平，即使身体、技术、战术训练再好，也难以在比赛中取得优异成绩。尤其是随着现代网球运动员的水平越来越接近，在比赛中出现关键比分的情况越来越多，比赛的胜负往往在一两球之间，这时运动员的心理因素会对比赛产生至关重要的影响。

运动实践反复证明，许多优秀运动员在比赛关键时获胜，大部分归结为心理上的优势；而不少比赛失常的运动员都是因为精神过度紧张。因此，运动员应具备良好的认知能力，即感知能力、记忆能力、想象和运动表象能力以及思维能力等；应具备网球运动所必需的自信心、进取心、意志力等心理品质；应具有适应比赛变化、克服极端困难条件的心理适应能力以及情绪的稳定性和心理状况的自我调控能力，这样才能完成比赛任务。而这一系列的心理能力都需要经过长期的、有计划的心理训练才能获得。

三、心理素质训练的方法

对于网球运动员心理素质的训练方法，主要是从运动员的自信心、注意力、行为动机和情绪控制四个方面进行，具体如下。

（一）运动员自信心训练

简单地讲，自信就是可以成功完成某种动作的信念，自信反映出来的外在表现就是人们在面对问题时的镇定以及解决问题的方法多等。自信的球员渴望成功，并对自己的各种技术能力充满信心。

在比赛中拥有自信，有助于球员集中意念，可以激起积极的心态，增加坚忍力并坚定努力，这在一定程度上对目标设定起积极作用。并且，自信还会影响击球方式的选择。

在学习网球的过程中，每次成功击球、教练的鼓励和同学的赞扬等都会提高学习者的自信心，其中学习者自我赞赏是提高自信的决定因素。关注每次练习的提高，每次击球动作的改善，以及每次快速移动击球的准确性，是培养并获得网球自信心的重要途径，增强自信心的训练方法如下。

（1）使用积极的自语。积极的自语对一名选手在逆境中做出的反应具有戏剧性的影响，并直接影响到后来的动作或感觉。

（2）运用意象或想象。回忆自己是怎样进行艰苦训练的和怎样做好准备的，力求在场上展示出一种自信的形象。

（3）增长知识，模仿优秀选手。将自己与对手在技能上进行对比。投入更多的时间，刻苦练习自己没有把握的击球技术，以增强自信心。

（4）确保良好的身体条件，如提高体力和耐力水平。运动员需满怀信心和积极地思维（使用自语），这样身体才能以更自信的方式做出反应。

（5）当对手发挥好时，要保持信心，提高自我约束的能力。

（6）为自己确定现实的目标。

（7）教练员应让队员知道他相信他们，人们在知道别人相信他们时会更容易相信自己。

另外，运动员还可以通过减少压力的思维方式，来树立自信，简述如下。

（1）承认自己正处于劣势，胜和负是对观众而言，自己只求尽最大的努力。这样就会帮助减少压力。

（2）自己喜欢激烈的场面，场面越激烈，自己发挥得越好。

（3）自己的教练只希望自己尽最大的努力执行自己的比赛计划。

（二）运动员注意力训练

注意力集中是贯穿网球运动整个过程的最重要的心理技能。在训练和比赛中，选手的注意力时常会受各种因素的影响而分散，跑到与训练比赛无关的事物上，对自身的发挥和比赛的结果造成影响。所以，对于球员来说，注意力的集中是自身技术发挥的重要前提。

1. 集中注意力的方法

运动员自身集中注意力的方法主要有以下几种。

（1）长时间集中注意力会使人产生疲劳，运动员应该利用比赛过程中的"死球时间"，合理有效地恢复注意力。

（2）一场比赛中，两分之间的空隙时间是最难集中精力的时间。这时，运动员应在观察局势的前提下，适当进行放松，调整注意力集中的程度，利用身体的放松避免焦虑。

（3）力求将注意力集中在对赢得这一分有帮助的事情上（如观察对手的抛球）；练习视力控制，用眼睛注视有关的目标，如球的接缝、拍弦等。

（4）使用暗语或者自语。如"看!""盯好!""加油!"等。

（5）击球时果断而坚持。如发球时，在想好发球类型及落点后，不要犹豫，努力发挥就好。

（6）使用呼吸调整法帮助集中精力。

2. 提高注意力的方法

在网球训练中，对于提高运动员注意力的方法，主要有以下几种。

（1）对打喊话式。根据教练员的口令，如"打斜线"等，用不同的方式击打每一个球。并在每一个球弹起时说"弹起"，每一次击球时说"打"。

（2）多球训练。教练员随机给球员喂送不同颜色的球，每种颜色代表着不同的击球方式，如绿色球应打斜线球，蓝色球应打直线球。可根据球员击球质量适当加速。

（3）发令法。教练员通过用特定的口令或方式来引导运动员的动作，运动员需集中注意力获取信号，并根据教练员发出的信号做出相应的动作。注意练习持续时间不要过长。

（4）看表法。运动员主要是通过观察手表秒针移动的方式来进行锻炼。一般以连续注视表内秒针移动 5 分钟为宜。每天在白天和晚上临睡前各练一次。每次练习需进行三遍，练习间隔需在 15 秒以下。

（5）观众行为模拟。模拟比赛中观众响亮的加油声或突然的动作，有意识地给球员造成压力和干扰，有助于减少运动员在实际比赛中的应激反应，提高运动员的注意力。

（三）运动员行为动机训练

在网球运动中，人们打网球的原因包括朋友间的影响、个人爱好、学习或提高技能、运动的满足、结交朋友、成为高水平球员等因素，这些因素都是行为动机。行为动机与责任感也有关系，且有责任感的运动员训练更刻苦，教练员的目标应是理解并满足运动员的行为动机的需要，并制订一个合理、能鼓励运动员的训练计划。

增加动力的方法主要包括成绩记录法（每天记录自己的成绩）、目标确定法（树立远期目标、中期目标及近期目标）等，限于本书篇幅，此处不再进行详细介绍。

（四）运动员情绪控制训练

现阶段，在网球比赛中经常会出现激烈的对抗，随着这种对抗的持续，运动员也会产生一些情绪，进而影响到比赛的结果。其主要表现在以下两个方面。

（1）兴奋。兴奋对于运动员技战术的发挥有着十分积极的作用。

（2）紧张或焦虑。这种情绪不利于运动员水平的正常发挥，甚至会对后续比赛产生更大的影响。

所以，运动员的情绪状态对于比赛的胜负有着极其重要的作用，甚至在一定程度上决定了比赛的成败。因此，比赛中运动员一定要心理稳定，调节控制好情绪。比赛中，运动员的兴奋与其发挥之间的关系，如图4-2-2所示。

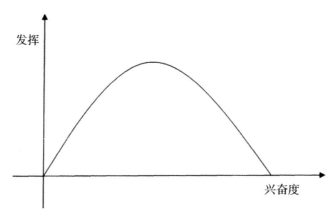

图 4-2-2 兴奋与发挥之间的关系

事实上，影响兴奋与发挥之间关系的因素有很多，如人与人之间的差别、对压力的承受能力、感觉压力的方式、自信程度等。虽然图 4-2-2 可能过于简化了运动员兴奋与发挥之间的实际关系，但也明确说明了，运动员在处于适度焦虑的状态时，会出现最佳竞技状态。这里我们就对几种情绪控制的训练方法进行详细论述，具体如下。

1. 提高兴奋度的方法

一般情况下，运动员主要可以从生理活动及心理调节两方面来提高自身的兴奋度，具体如下。

（1）生理活动。生理活动包括有力的动作（在两分之间的间隙时间里用脚尖上下跳动，保持双脚活动），加大技术动作的力量等。

（2）心理调整。对于心理的调整，运动员一方面可以使用如"加油""上"等积极的自语或使用"使劲""快"等提高情绪的词；另一方面，可以想一些产生动力的事或者把当时的局势看作一种挑战，力求全力以赴。当然还有最后一招：发怒。

2. 减少焦虑的方法

一般情况下，运动员可以通过以下几种方法来减少焦虑。

（1）用收缩和松弛的方式，使肌肉得到一定程度的放松，并通过摇动双手、双肩和颈部的方式营造一种强劲的外在形象。

（2）用深呼吸的方式，使自己的情绪得到有效缓解。把焦虑大口地"吐"出去，并通过一系列的方式（握拳、仰头看天等）使自己振奋起来。

（3）处理问题时多温和，少严厉。放慢速度，两分之间多休息一些时间。当开始打这一分时，加大步幅。

（4）感到将要产生紧张时，运动员可以通过微笑让自己显得自信、平静和能够自控。

另外，通过心理上的调整，也可减少焦虑，具体如下。

（1）承认紧张。承认紧张但绝不能害怕紧张，因为这是你已进入比赛状态和重视比赛的信号。要注意，一般出现紧张时，打法要更具攻击性，打比赛是为了赢，而不是避免输。

（2）动作放松的技巧：逐步放松、自体训练等。使用"放松""没事"等自语进行情绪调节。尤其是在两分之间的间隙时间里，一定的放松尤为重要。

（3）通过命令自己等形式，将注意力集中在自己能控制的东西上，如"我要发外角球""我要打上旋球"等。每一次将注意力集中在一点和自己能做得最好的事情上。

（4）不要想不能发挥，不要有消极的想法。对每一分和每种情况都要确定具体目标，犹豫时，努力进取，让失误成为过去。

（5）以争抢关键分的心态打好每一分。尤其是在对待逆境时，要采取正面的、积极的态度。

3. 提高控制情绪能力的训练方法

在网球运动训练中，提高控制情绪能力的训练方法主要包括以下三种。

（1）比赛记分方法。具体过程如下。

①运动员应遵循在两分之间的间隙时间里适合每个人特点的 4 种常规做法。

②运动员应遵守的发球常规（降低兴奋度）不同于接发球常规（提高兴奋度）。

③运动员应遵循交换发球（场地）时适合个人特点的常规。

④在练习比赛记分的整个过程中执行行为准则。

（2）肌肉紧张练习。首先要对不同程度的肌肉紧张进行体会：1（非常松弛）到 10（非常僵硬）。每 5 ~ 10 秒，从 1 ~ 10 的数目中叫出一个数字，运动员以此来调整其肌肉紧张度，并确定其理想的肌肉紧张度。

（3）不同击球类型的练习及多球练习。如进行发球、截击、击落地球等形式的练习，以便运动员调整紧张度。

第五章　网球运动员健康保障

网球运动员的健康保障是网球运动的重要组成部分，它不仅需要运动员在平时训练中多加注意，更需要相关部门建立相关的应急处理机制。本章主要就网球运动的准备与热身、网球运动中的营养消耗与补充、网球运动中的损伤处理、网球运动中的疲劳处理以及网球运动中的疾病处理等网球运动员健康保障问题展开详细的讨论，使网球运动员和网球爱好者能较为全面地了解一些参与网球运动时的基本注意事项，进而提升运动质量并预防运动损伤的发生。

第一节　网球运动的准备与热身

许多体育项目在训练前，都要进行一定的准备与热身运动，网球也不例外。事实上，因为网球运动中许多技术动作都幅度较大，如迅速奔跑、弯腰击球等，若没有提前做好热身运动，很可能会因此"光荣"负伤。所以，运动员在进行网球运动或比赛之前，进行一定的准备与热身运动是十分有必要的。

一、网球运动的准备活动

一般情况下，在进行网球运动之前，运动员必须对自己的身体素质状况进行正确的评估，并选择适当的锻炼方式、方法进行前期的准备活动。要针对自己打网球时所需要提高的肌肉力量、耐力、速度和灵活性等方面来制定日常锻炼计划。锻炼大致可分为耐力性、力量性和伸展性三类，具体阐述如下。

（1）耐力性锻炼包括长跑、跳绳、上下楼梯等。

（2）网球的力量性锻炼则是围绕腹部、背部、大小腿和手臂肌群来进行，要坚持每天锻炼，以增强肌肉力量，且保证放松肌肉以避免受伤和保持灵活性。

（3）伸展性锻炼包括柔韧练习、太极拳、健身舞及各类徒手体操等。

一般情况下，网球运动的准备活动以伸展性锻炼为主，主要是为了唤醒"沉睡"的躯体。另外，也可以结合以下几种方式进行。

（1）越野跑、登山、爬楼梯。经常进行跑步、登山和爬楼梯锻炼，能够促进人体的新陈代谢，协调神经系统与运动器官之间的联系，提高心血管系统、呼吸系统及其他内脏器官的机能，能促进发展人们的力量、速度、耐力、灵巧、协调等身体素质，从而保持和提高人们在网球活动中的适应能力。只是要注意到，打网球与一般的跑步不同，网球运动的运动方向是不断变化的，并非只是向前跑。网球运动中，运动员有时向斜前方冲刺、有时向后退、有时跳跃，灵敏的反应和即时判断十分重要。

（2）球类运动。参与篮球、足球活动对网球运动是一个极大的补充，有助于提高练习者手眼的协调、反应的敏捷以及急停急起的能力。尤其有助于练习者的视野锻炼，提高集中注视球的能力以及观察全场的能力。

（3）在健身房或网球场锻炼。在健身房或网球场里进行俯卧撑、仰卧起坐、侧卧举腿等练习，也可利用器械进行一些力量练习，如使用哑铃练习手臂力量，用杠铃练习下肢力量，空手做挥拍击球的动作等。但应注意，练习时必须要遵守循序渐进的原则，逐渐增加器械的重量和练习的次数。

对于网球运动的准备活动，时间的长短应根据运动强度的大小加以调整。通常，经过准备活动后，大约需要 5 分钟的时间才能对肌肉、呼吸、循环系统等形成有效刺激，维持这些生理功能活动亦需要一定的时间，再加上整理活动的时间，因此少于 5 分钟的运动是难以达到健身目的的。练习者实际锻炼所需的时间应根据个体和气候的具体情况加以确定，一般在15 分钟以上为宜。

二、网球运动的热身运动

在网球训练与比赛前，先做几套热身活动，使全身各部位的关节、肌肉得到充分的活动和舒展，不但利于球员更快地进入竞技状态，而且还能有效地预防运动损伤的发生。

一般情况下，网球运动的热身运动主要包括以下几部分内容。

（1）慢跑。在平整的空地或网球场上慢跑 2 ～ 3 分钟。夏季炎热时，可稍微缩短一点时间，冬季则需跑的时间长一些。在慢跑过程中，要求运动员用脚尖跑，并且跑得要有弹性，跑步的声音越小越好，就仿佛在练轻功一样。

（2）伸展运动。各种伸展运动是保证身体各个关节、肌肉、韧带免受损伤的主要手段，具体选择何种方式可视自身计划及需求而定。

①肩关节伸展练习。肩关节的伸展练习主要包括肩关节向前伸展的练习和向上伸展的练习。

②肘部的伸展练习。即前臂内收肌的伸展练习，运动员需向前伸出右

手，掌心朝前，手指向下；用左手握住右手指，伸直右臂，左手慢慢用静力，充分伸展前臂内收肌。坚持 10 ~ 15 秒钟，反复练习 2 ~ 3 次。这种方法可有效地预防网球肘。

③腰腹伸展练习。运动员需双腿直立，双手叉腰，尽量向后伸展躯干，坚持 10 ~ 15 秒钟；再尽量向前直腿弯腰，让胸部靠近大腿，双手充分下伸，坚持 10 ~ 15 秒钟，反复练习 2 ~ 3 次。

④大腿伸展练习。首先，运动员需保持身体直立，抬起左腿，然后用左手抓住左脚踝，尽量让脚后跟贴近臀部，髋要向前挺，达到最大极限位置后，坚持 10 ~ 15 秒钟，然后换另一只脚，反复 2 ~ 3 次。运动员保持直立身休，左脚向前跨出 1 米成弓步，双手叉腰，上身保持直立，慢慢弯曲右腿，直至右膝盖轻碰地面。保持姿势 10 ~ 15 秒钟，然后换成另一侧腿，反复做 2 ~ 3 次。

⑤小腿伸展练习。运动员双腿稍开立，重心移至左脚，向上翘起右脚尖，并弯腰双手扶住，保持右腿直立，慢慢再向下弯腰，停在极限处，坚持 10 ~ 15 秒钟，换另一条腿。反复做 2 ~ 3 次。

（3）转体运动。运动员需双脚开立与肩同宽，保持脚尖向前，双腿直立，双手抱在头后，慢慢向右转动肩膀至极限处，坚持 10 ~ 15 秒钟后还原。再做另一侧转腰，反复做 3 ~ 5 次。

（4）跳跃运动。运动员需双脚并立，双手叉腰，按照"左前后—左右—右前后—左右"的口令，右脚向前、左脚向后跳出，然后跳还原；再同时向左右两侧跳出，也跳还原；下一步，右脚向前、左脚同时向后跳出，跳还原；再同时向左右侧跳出并还原。跳跃时要求速度和频率逐渐加快，这种跳跃运动能提高脚的灵活性。另外，跳绳练习也是一种效果较好的热身运动。

（5）棒球投手运动。类似棒球投手，以发球动作向墙或挡网，由慢到快、由近到远扔球。当对墙扔球时，应尽量用扔球手接住回球，重复做 10 ~ 20 次。还可以进行徒手挥拍运动等热身运动。

另外，运动员在打完网球后，还可以进行一些后续锻炼，如游泳等。游泳是一种完美的锻炼方式，它对练习者的心血管系统的改善有相当重要的作用。同时，游泳还不会对人体骨骼和关节造成任何压力，能增强全身的力量。打完网球后游泳最为理想，排热、解乏、镇静神经、舒展四肢的愿望都能在游泳过程中得到满足。限于本书篇幅，此处不再进行详细阐述，有兴趣的读者，可参考相关资料文献。

第二节 网球运动中的营养消耗与补充

近年来随着网球运动训练的广泛开展和科学化研究的深入，运动营养学逐渐引起了人们的重视。网球运动作为技能主导类隔网对抗性项目，无论是职业比赛还是业余训练，球员对能量营养素的需求都很大。由于人体运动中机体代谢的特点，营养物质对网球运动员在不同环境下竞技状态的发挥有着十分重要的影响。所以，如何将营养因素和科学训练相结合，成为了现代网球训练中的一个重要环节。

一、网球运动中的营养素

一般情况下，网球运动中的能量营养素主要包括碳水化合物、蛋白质、脂肪、维生素和矿物质等，具体如下。

（一）碳水化合物

碳水化合物（CHO）广泛存在于自然界中，作为一种人类最常见的营养素，人体每日摄入的热能 60%～70% 都来自碳水化合物。碳水化合物由碳、氢、氧三种元素组成，不仅能够提供运动过程中所需的能量，还能维持中枢神经机能，调节脂肪代谢，促进蛋白质的吸收和利用等。

运动员对碳水化合物的需求有利于为机体提供持续能量，在激烈的对抗中使得肌肉疲劳得以恢复。大强度的训练依赖于为人体提供能源的碳水化合物的储存量，如果这些糖原在训练后得不到补充，那么它们将被逐渐地耗尽，连续数天的训练或比赛后更是如此。肌肉中没有充足的糖原，则运动员的发挥会因过早的疲劳而受到影响，如果在比赛中发生这一现象，那么运动员将有发挥不好和输掉比赛的可能；如果在训练中出现这一现象，将会降低训练课的效果。因此，网球运动员及时补糖是非常有必要的。

碳水化合物是网球运动员饮食中最重要的组成部分。运动员应摄取丰富的碳水化合物食物，使肌肉得到充分的能源补充且避免过早地产生疲劳。在他们的规定饮食中，主要食物应是谷类、土豆、大米和面粉。运动员应该把这些食物当作他们的主要食物，不要挑食，以确保自身的肌肉获得足够的能源，训练后两小时内应经常摄取碳水化合物。最佳碳水化合物就是那些人们熟知的综合碳水化合物（即处于天然状态的未加工的碳水化合物），它们的主要成分是多糖，如谷类食物、豆类（豌豆和菜豆）、蔬菜和坚果类；另外一些碳水化合物就是那些人们熟知的单一碳水化合物（即处于分解状态的碳水化合物），它们主要是作为双糖类发现的，如糖、蜜饯、糖果。

网球比赛中，长时间、高强度的对抗对能量的需求高度依赖于碳水化合物，较低的碳水化合物水平会导致运动疲劳。相关研究表明，体重70千克的网球运动员运动后（运动时间1～4小时）应立即摄入70克的碳水化合物（热量280千卡），并接着每1小时额外摄入70克碳水化合物才能在比赛中将技能表现出来和恢复休能。此外，运动中补充碳水化合物可在网球比赛的后期提高球员的击球质量。

（二）蛋白质

蛋白质被称为生命的载体，它是组成一切生命体的基本物质，是机体细胞的重要组成部分，对机体健康的维持和生理功能的调节起着极其重要的作用。蛋白质与人类的身体健康有着非常紧密的关系，机体的生长、组织的修复、各种酶和激素对体内生化反应的调节、抵御疾病的抗体的组成等，无一不是蛋白质在起作用。多数运动员认为蛋白质的足够摄入是提高运动成绩的关键，然而多数研究表明，当前人们往往高估了运动员对蛋白质的需求量。作为普通人，每天需要摄入蛋白质量为总热量的12%～15%，每千克体重消耗0.8克的蛋白质可满足日常需求，即一位体重在75千克左右的常人，每天需要摄入蛋白质的量为60克，而相关研究认为，运动员蛋白质的摄入量应为常人的2倍。

一般情况下，在运动员的膳食中，蛋白质的含量应占每日所吃食物总能量的12%左右。在动物性食品如奶类、蛋类、肉类和鱼类等食品以及植物性食品如大豆、大青豆、黑豆、芝麻、瓜子、核桃、杏仁、松子等都含有丰富的蛋白质。

（三）脂肪

脂肪有生命辅助剂之称，它是人体细胞的重要组成部分，脂肪的补充对人体新细胞的产生发挥着至关重要的作用。同时，脂肪又是细胞生命的重要能源之一，机体细胞膜、神经组织和激素的构成均需要脂肪。脂肪组织在体内不仅有着贮存热量、调节和维持正常体温、保护和支持内脏器官的作用，而且还对脂溶性维生素的吸收有促进作用。

从运动的角度来看，运动强度越低，脂肪燃烧的能量需求的比例就越高，当运动强度增大时，脂肪燃烧的量减少，肌糖原的燃烧比例增大。在一场网球比赛中，运动员在比赛过程中有氧代谢和无氧代谢同时进行，脂肪无疑是运动员提供能量的重要来源。

脂肪主要分为两种，即动物脂肪和植物脂肪。其中，常见的动物油脂主要有奶油、猪油、牛油、羊油、鱼油、骨髓、肥肉、鱼肝油等；植物性脂肪主要是从植物中的果实内提取，如芝麻、葵花子、花生、核桃、松子、黄豆等。在食用的过程中，应以植物性油脂为主，同时搭配一些动物油脂。脂肪在一般膳食中的含量，应占每日所吃食物总能量的 20%～25%。

标准的饮食结构大致是：40%的碳水化合物、40%的脂肪和20%的蛋白质。然而，在高强度训练中，运动员从规定的饮食中摄取的全部能源，60%～70%应来自碳水化合物，25%～30%来自脂肪，12%～15%来自蛋白质。

（四）维生素和矿物质

维生素与矿物质对于能量物质代谢、组织构建、细胞内外环境的液体平衡起着至关重要的作用，是维持机体生命活动过程必不可少的物质。当体内缺乏维生素和矿物质时，机体的抵抗力会下降，活动能力减弱，代谢紊乱，相关酶活力降低，氧化还原过程受到限制。由于运动员能量代谢效率较高、肌肉和骨骼应激较大，所以需要更多的维生素和矿物质。维生素和矿物质补充剂在网球运动员中被广泛采用，运动员很容易通过营养的均衡来获取维生素和矿物质。在运动中重要维生素和矿物质元素含量见表5-2-1。

表5-2-1　运动中重要维生素和矿物质元素含量表

维生素/矿物质元素	生理功能	量/（毫克/天）	食物来源
维生素 C	促进三磷酸腺苷与糖原合成消除乳酸，提高运动能力、促进机体恢复减轻疲劳功效	200	绿色蔬菜（青菜、青椒、苦瓜、菜花等），新鲜水果（柑橘、草莓、鲜荔枝等）
维生素 E	抗氧化，参与糖类、脂肪、蛋白质释放能量的过程，防止肌肉萎缩	15	植物油（花生油、玉米油、芝麻油），蛋类，新鲜蔬菜等
钙（Ca）	维持神经肌肉兴奋，调节机体生理活动	1300～1500	奶及奶制品、蛋黄、虾皮、海参、生菜、黑芝麻等
钠（Na）	维持细胞渗透压、加强肌肉兴奋性	1500～10 000	食盐

维生素/矿物质元素	生理功能	量/（毫克/天）	食物来源
钾（K）	参与蛋白、糖能量代谢，加强肌肉兴奋性	4700	谷类、豆类、水果（香蕉、柑橘）
镁（Mg）	参与体内蛋白合成、葡糖糖代谢、多种酶激活剂，维持心肌正常功能	400～450	牛奶、肉、全谷物（小米、燕麦片等）、蔬菜（黄豆）

二、网球运动的营养消耗

网球运动作为小球运动项目，在力量、速度、耐力、灵敏性、柔韧性等方面对运动者有较高的要求。因此，在为运动者提供膳食时，应该注重蛋白质、糖以及维生素 B_1、维生素 C、维生素 E、维生素 A 的摄入。同时，当运动者在进行网球锻炼时体内物质代谢变化很大，大量出汗使能耗增加，并使钙、钠、钾及维生素大量消耗和流失，所以该运动的膳食要求是及时合理地补充水、电解质及维生素等，同时需注意胆碱、泛酸等的摄入。

网球运动是一种持拍的间歇性运动，包括上下肢肌肉参与相对短时间的爆发性活动，并伴有随后的休息。持拍比赛的比赛时间并不确定，比赛时间的长短取决于比赛中局数的多少，局数少可能一小时内完成，局数多则需要几个小时，运动者每争夺 1 分往返击拍的平均持续时间为 4～12 秒。网球运动的持拍运动根据运动强度可以划分为中等强度和大强度两种，最大心率的范围为 60%～90%，最大摄氧量为 50%～80%。

在网球比赛中，一场耗时长达数小时的比赛，作为优秀运动员没有超强的有氧能量系统的支撑是难以实现的。在训练和比赛中，非乳酸性无氧代谢供能占主要地位，并有适当的乳酸性有氧供能。根据能量代谢系统（如表 5-2-2 所示）和网球的运动特征，运动员的能量代谢方式为无氧、有氧混合型供能，如果比赛时间长，持拍运动的肌肉代谢则主要依赖于肌糖原。根据网球运动者训练量大、能量消耗大的特点，建议网球运动者每日热能供给的最佳值为 2700～4200 卡路里（平均 3500 卡路里）。

表 5-2-2 能量代谢系统

系统	特征	持续时间
磷酸肌酸系统	由存储的磷酸肌酸无氧生成三磷酸腺苷	在最大强度的活动中使用
无氧糖酵解（乳酸系统）	由糖原无氧分解生成三磷酸腺苷	当运动员无法摄入充足氧气时，高强度活动时使用；本系统持续生成三磷酸腺苷不超过 2 分钟
有氧糖酵解	糖原有氧分解生成大量三磷酸腺苷	运动员通过摄入充足氧气，本系统在高强度活动中可以产生大量的三磷酸腺苷
有氧系统（有氧代谢作用）	碳水化合物与脂肪有氧分解生成	在用于持续时间长的低强度活动中，可以生成充足数量的三磷酸腺苷

三、网球运动的营养补充

网球运动中的营养补充与运动者的训练成效息息相关，运动者在训练后需要通过科学的膳食搭配来补充营养。一般情况下，对于网球运动的营养补充，主要包括以下几个方面。

（1）热源营养素的补充。在人体运动中，糖类的分解反应简单，容易氧化燃烧；而脂肪和蛋白质的分解反应复杂，不易氧化，在体内不能完全燃烧。并且，蛋白质的代谢产物——硫化物可使体液变成酸性，加速疲劳的产生。所以，建议网球运动者在补充营养时，应以谷类和动物性食物为主，这两类食物供给热量的效率最高。一般来说，糖类的来源是粗粮、水果、蚕豆、小扁豆、坚果以及植物种子。网球运动者可以在食用水果时搭配一些坚果，或在食用糙米的时候搭配一些鱼和坚果等。

（2）水分的补充。在网球运动中，由于大量的剧烈运动会消耗能量而使得机体发热、体温上升，而机体调节热平衡主要的途径就是出汗。运动中影响机体排汗率和排汗量的主要因素包括运动强度、密度和持续时间等，运动强度越大，排汗率越高。此外，外界气温、湿度、运动者的训练水平以及对热适应的情况等都会影响排汗量。因此，假如网球运动者不能及时补充水分，则会增加脱水的可能性，同时也会加大心血管负担，甚至会损伤肾功能。

（3）维生素的补充。在网球运动过程中，由于长时间的剧烈运动，运动者自身所需要的能量、氧的摄入量和消耗量均有所增加，致使运动者体内的自由基也在随之成倍地增多，最多时可达到平时的千倍。伴随着自由基的不断增多，运动者的机体需要消耗大量的抗氧化物质——维生素 B、维生素 C、维生素 E 来消除成倍增长的自由基。因此，网球运动者在高强度运动后最好服用适量的维生素 E 补充剂和富含维生素 E 的食品，能有效帮助运动者减轻肌肉酸痛、消除疲劳、恢复体力。

另外，运动者在生长发育期、运动量加大期和体重减轻期，如果出现热能及其他营养水平下降等情况时，应适当增加蛋白质的补充量。同时还要注意无机盐的补充。网球运动者对无机盐的需求量与正常健康人并没有明显的差别，一般运动者每天每人对食盐的需要量为 6 ～ 10 克，钙的需要量为 1000 ～ 1200 毫克，铁的需要量为 20 ～ 25 毫克。

四、网球比赛时的饮食供给

网球比赛通常在室外进行，而且是高温天气，如果运动员无法控制体液和电解质的平衡，就容易导致电解质失调，降低肌肉收缩的能力，影响运动员的竞技水平和状态，更会带来健康问题，如引发热痉挛、热力竭、中暑等。运动员体液和电解质的流失主要是由于运动过程中大量的排汗而造成的。所以，比赛中需要补充大量的水和电解质，尤其是钠离子、钾离子、镁离子的补充。为了确保运动员在比赛中的机体能发挥最好的竞技状态，必须在赛前、赛中、赛后及时补充体液和电解质，具体如下。

（1）比赛前的饮食供给。对于运动员比赛前的饮食供给，应在比赛前一天晚上就开始进行有效的糖储备。赛前的用餐，一般选用如米饭、面食、全麦麦片、新鲜水果蔬菜等容易被消化和吸收的高碳水化合物食品，尽量避免进食高脂、高纤维食品。同时，赛前运动员应主动多喝水，并结合果蔬汁、低脂牛奶、含盐的运动饮料来平衡饮食计划，并杜绝如酒精、咖啡等易导致体液流失的饮食。推荐运动员在赛前每千克体重补充 4 ～ 5 克糖。膳食时间应在赛前 2 ～ 3 小时，以确保运动员在比赛时胃相对较空，而没有饥饿感。比赛开始前 1 ～ 1.5 小时，运动员应补充 400 ～ 500 毫升含盐运动饮料，确保机体中碳水化合物和水分达到最佳状态。

（2）比赛中的饮食供给。在网球比赛中，运动时间通常都比较长，这使得运动员会有大量的汗液排出，因此要准备充足的水和运动性饮料。尤其是在比赛休息时间，运动员应及时主动地补充水分，不能以口渴作为补充水分的信号。在补充体液时，建议运动饮料和水同时进行补充，这样效果会更好一些。对大多数运动员而言，一般每次休息补充饮料和水的量不宜超过 200 毫升，补充水时，不可暴饮，遵循少量多次的原则；水的温度不可太低或太高，比室温稍低即可。此外，运动员应准备一些高能量小吃以应对长时间的对抗，如新鲜水果、干果（葡糖干）、面包卷等。

（3）比赛后饮食供给。比赛结束后，一般建议运动员在 2 小时内注重碳水合物、水分和电解质的补充和再储备，使得机体得到及时的恢复。运动后仍然要注意饮食的平衡，除补充含糖、盐的运动饮料外，应选用低脂肪类的清淡的食物进行补充。

以上三点在网球运动的平时训练中同样需要注意。

第三节　网球运动中的损伤处理

在网球运动中，运动员每一次协调的击球动作都需要跑动、追逐、击打、转体等多种能力。因此，若这些能力不足或过度使用，便可能导致身体的某个部位出现损伤。所以，运动员经常会因各种因素的影响而受伤，并且由于网球技术的多样性，也造成了网球损伤的多样性特征，包括急性损伤、慢性过度使用性损伤以及肌肉-肌腱不平衡而导致的损伤等。

一、造成运动损伤的主要因素

在网球运动中，造成运动损伤的主要因素包括以下几个方面。

（1）不良气象的影响。由于网球运动通常是在室外进行，所以网球运动员会受到气温过高或气温过低的影响而受到损伤。

（2）缺乏合理的准备活动。准备活动的缺乏或不合理也是造成运动损伤的一大原因。合理的准备活动能有效唤醒机体，提高神经兴奋，使各器官处于一个良好的活动状态。在准备活动中，网球运动者应避免以下五个经常出现的问题。

①不做准备活动或活动不足。

②准备活动的内容不合适或缺乏专项准备活动。

③活动量过大。

④活动强度安排不当。

⑤准备活动完成后，距正式运动的时间太长。

（3）场地设备的缺陷。场地设备的缺陷主要表现在以下几个方面。

①网球运动场地坑坑洼洼，有小碎石或杂物。

②场地太硬或太滑。

③器械老化，表面不平或有缝隙。

④器械松动或器械的不匹配。

⑤缺乏必要的防护用具等。

（4）运动负荷过大。运动负荷过大也会造成运动员损伤，主要是因为每个人可以承受的生理负荷有限，尤其是在局部负担过大时，更容易引起微细损伤，长期积累甚至会产生劳损。

（5）身体机能和心理状态不佳。身体因病或疲劳而状态不佳时，身体的力量和协调等机能会显著下降，反应变慢，此时参加剧烈运动或练习较难的动作，也会导致运动员损伤。此外，运动损伤还与网球运动者心理状态的好坏有着紧密的关系，尤其是情绪烦躁或急于求成时，往往也会对运动员产生一定的影响。

（6）组织方法不当。运动员在训练时，没有遵循循序渐进、系统性和差异性等原则，盲目或冒失地加大运动量；在组织方法方面，教练没有进行正确的动作示范和合理的比赛安排，运动员自我保护意识差等，都可能成为运动损伤发生的原因。

（7）技术动作错误。参加运动训练时间不长的网球运动者或者学习新动作时发生运动损伤的另一个原因是技术动作上的错误。这主要是因为运动者错误的发力往往违反了人体结构功能的特点，因此造成损伤。

二、网球运动中常见损伤的处理

对于网球运动中常见的损伤以及处理方法，具体如下。

（一）出血和水泡

1. 出血

出血是运动损伤中较常见的一种，可分为外出血和内出血两类。其中外出血分为动脉出血（出血呈喷射状，血色鲜红）、静脉出血（血液漫涌而出，血色暗红）和毛细血管出血（出血为缓慢渗出）三种。止血的方法一般有三种：一是冷敷法，冷敷是处理急性闭合性软组织损伤最简便的方法，主要是用冷水冲洗或用冷毛巾敷于伤处；二是抬高伤肢法，抬高伤肢法主要是在处理四肢出血时比较常用，通过抬高伤肢，使伤处血压降低，血流量减少，进而达到减少出血的目的；三是压迫法，压迫法主要包括指压法、绷带加压包扎法和止血带法等。

2. 水泡

水泡通常发生在手部和脚部（脚的两侧、脚后跟和脚掌）。一般情况下，水泡的产生主要是由于运动摩擦而引起的，包括挤压、摩擦、潮湿等因素。另外，皮肤温度增高，也会引起水泡的产生。

一旦起了水泡，不要急于弄破，否则一方面会增加肌体的疼痛感，另一方面也易使伤口受到感染。所以，有效的处理办法是首先要减小水泡部位的摩擦；其次，要及时清洗，可用酒精进行消毒；再次，可用消毒的钢针在水泡的边缘刺一小孔，轻轻挤出里面的液体，然后涂上专用软膏，最后绑上纱布即可。预防方法主要是使用滑石粉、痱子粉、防汗喷雾、凡士林等有助于减少摩擦的粉剂，对于容易起水泡的人，可以在脚趾或其他脆弱的地方涂抹安息香酊剂来预防和治疗水泡。另外，睡前泡脚、保持鞋子干燥等也有助于水泡的预防。

（二） 运动擦伤和撕裂

在网球运动中，运动擦伤是外伤中最轻、最常见的一种，主要是指由摩擦而引起的皮肤表层的损伤。对于擦伤的处理方法，一般包括以下几个方面。

（1）较轻的擦伤。较轻的擦伤可以用流水加肥皂或生理盐水等药水彻底清理伤部，一般不用进行包扎。

（2）擦伤处渗出液体。在擦伤处渗出液体的情况下，需用消毒药物敷盖，保证其不与擦伤面黏结。

（3）面部擦伤。面部擦伤一般需要涂抹0.1%的新洁尔灭溶液。

（4）较大的擦伤。在处理较大的擦伤时，需用生理盐水棉球轻轻刷洗，消除异物，用碘酒或酒精进行消毒后撒上云南白药，用凡士林纱布进行包扎。

网球运动中，因剧烈的运动而产生的强烈的冲撞，很容易造成肌肉撕裂。如果伤口小，不严重，一般可用红药水、碘酒或酒精涂抹伤口即可。而伤口较大时，应立即送往医院接受治疗，并需要注射破伤风抗毒素。

（三） 过度训练

过度训练是指由于过多的身体和精神压力而导致的一种长期疲劳和运动成绩下降的状态，多发生在年轻网球运动员身上。其主要表现为缺乏训练和比赛的欲望、体重减轻、食欲不振、睡眠不安、情绪不稳定、精神沮丧以及血睾酮/皮质醇比值下降等。对于这种情况的防治，首先需要调整训练强度和周期以及调整训练和比赛的节奏，合理安排生活作息制度；其次，是要平衡和缓解精神压力，补充一些高能量物质、高糖、各种微量元素和维生素、动物性蛋白等营养物质；最后，要做好身体放松和心理调适并加强医务监督。另外，还可以辅以放松性训练、文艺欣赏、温水浴、按摩等。

（四）肩部损伤

网球选手肩损伤也很常见，大多数损伤都较容易恢复而且处理方法也比较简单，如肩部初次损伤时，只要减少运动时间，进行比较柔和的练习就可以缓解。所有网球运动者肩伤的共性，就是反复轻微损伤伴随渐进性组织破坏从而造成运动能力逐渐下降，经常可能受伤的部位是肌腱、韧带、关节盂唇、肱骨头和关节面软骨。

长期肌肉疲劳会使肩部韧带拉伤，从而导致韧带功能退化。此时，手臂高抬时，三角肌压迫"肌腱袖"，肱骨头则在关节盂上移动而产生摩擦，长期如此，将会导致关节盂唇的撕裂以及"肌腱袖"后表面退化。

肩袖损伤的人疼痛的部位可能位于肩前侧、肩外侧或肩后侧。一般情况下，病症的位置与肌腱受伤的位置相对应，如图5-3-1所示。

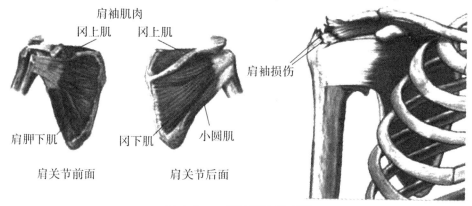

图 5-3-1　肩袖损伤示意图

肩前侧的疼痛位于肩胛下肌或冈上肌外，肩外侧的疼痛位于冈上肌或冈下肌处，而肩后侧的疼痛位于冈下肌或小圆肌处。疼痛呈间歇性，在发球时疼痛加剧，当举起物体过头时及晚上准备休息时就会感觉到疼痛。肩袖损伤者还往往会感到肌肉力量减退，活动时可听到关节内异常的响声。通常在反手击球和反手截击中表现出肌力减退等明显反应。

肩袖损伤的产生主要是由于用力过度、疲劳和轻微损伤持续累积等引起的。最好的预防方法就是运动之前进行适当的热身、拉伸并注意保证运动时间的适中。另外，还要注意击球技巧的合理使用。

对于肩袖损伤的治疗方法取决于实际的受伤情况。功能正常的肩袖可采用保守治疗，对损伤比较严重的情况则需要进行复杂的处理。首先，可通过涂抹非甾体类的消炎剂、冰敷、减少高位动作来减轻疼痛；其次，要加强肩胛稳定系统的肌群力量，因为这些部位的肌肉乏力会加重肩袖损伤；

最后，就是要加强"肌腱袖"外旋和外展训练，且训练时只能采取小负荷的训练方法并小心避免疼痛复发，如有可能，应逐渐加强训练强度直到患者可以重新开始恢复练球，通常需要3个月的保守疗法。另外，如果施行手术，则需注意手术后的康复过程，首先要尽量减少疼痛和肿大并防止形成粘连物；其次，要恢复一些简单的活动，直到恢复肩部平衡力量；最后，还要加强恢复练习。在整个恢复过程中，要注意保持良好的心血管系统功能和增强躯干的力量。

（五）肘部损伤

网球运动中，有许多种损伤都发生在肘关节部位，如肱骨外上髁损伤，这种疼痛普遍出现在网球运动者中，俗称"网球肘"，多见于35～50岁之间的网球爱好者。对这一阶段的人来说，每天坚持打一场网球，有45%的概率会遭受肱骨外上髁损伤疼痛的困扰，而每两天打一场比赛，概率是20%。所以说，运动频率与疼痛的产生有着直接的联系，运动次数越多，疼痛的发作也就越频繁。此外，伸肌劳损也会产生后期的"网球肘"，如图5-3-2所示。"网球肘"通常是因为过度使用了正手击球或反手击球动作而造成的。反手击球一开始是身体的高速旋转，身体的重心落在后腿上，此时腕部和肘部会产生力，当肘伸展时，手腕就猛烈地偏离尺骨方向向下钩转。这时，肘部伸展加上手腕的钩转就会造成伸肌对肘外上髁和关节头进行摩擦和翻转，如图5-3-3所示。

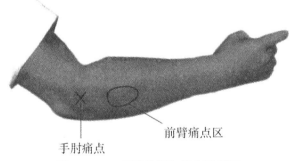

手肘痛点　　　前臂痛点区

图5-3-2 "网球肘"损伤示意图

另外，力量不足（特别是前臂肌肉乏力及腕部灵活性差）和动作不规范都会造成关节部位的负担，使其容易疲劳，引起疼痛。"网球肘"需要接受专业正规的治疗和处理，此处不再详述。但运动员可通过协调身体部位的发力方式，有效地运用重心的转移，不要长时间紧握球拍等方式来进行一定的预防。

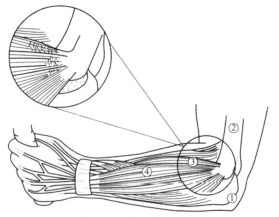

图 5-3-3　"网球肘"的病情发作点常位于桡侧腕短伸肌上

（六）手腕部位损伤

手腕部位的结构如图 5-3-4 所示。

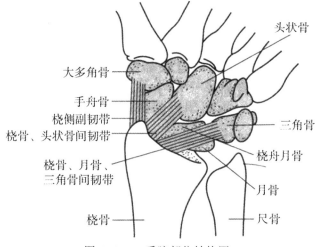

图 5-3-4　手腕部位结构图

（1）手腕部位肌腱损伤。在网球运动中，手腕部位过度伸展易造成肌腱频繁受伤（如图 5-3-5 所示），尤其是在运动员手持球拍击球的瞬间，手腕肌腱的突然减速是肌腱产生疼痛的主要原因。

（2）神经血管损伤。网球运动员也会出现神经损伤，常常因为屈肌肌腱的腱鞘炎，可能导致腕管综合症。其中，大多数人在休息和使用消炎药之后可以得到有效缓解，通常不需要手术治疗。此外，由于网球球拍把柄经常靠在小鱼际区域，也会出现小鱼际综合症。

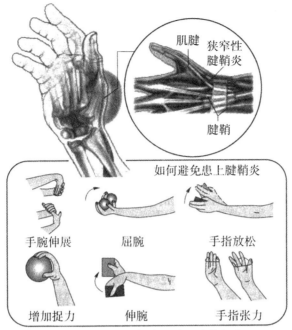

图 5-3-5 手腕部位肌腱及腱鞘损伤

（3）钩骨折。如图 5-3-6 所示，钩骨折是由于球拍末端的持续压迫而导致，是网球运动员感到尺侧腕骨痛的原因之一。

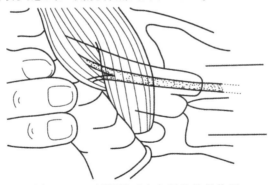

图 5-3-6 抓握拍时小鱼际及钩骨位置

（七）踝关节损伤

目前，在网球运动中，踝关节损伤最常见的病例是当运动员快速移动时因各种因素的影响乱了步法而发生的足内翻。运动员扭伤时，通常会瞬间感到脚踝外侧有一种突然发生的、钻心的疼痛感，这表明该部位的韧带已经撕裂。该部位主要位于距腓前韧带附近，如图 5-3-7 所示。当运动员在受伤的情况下承受体重压力时，会明显感到痛苦和不适。

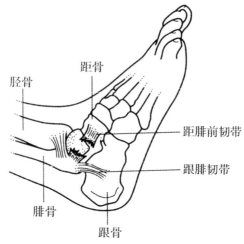

图 5-3-7　脚踝外侧韧带断裂

　　脚踝扭伤按伤势的轻重一般可分为轻度损伤（Ⅰ度）、中度损伤（Ⅱ度）及严重损伤（Ⅲ度）三类。Ⅰ度损伤几乎没有肿胀和触痛。Ⅱ度损伤是指用肉眼可以看到有部分韧带撕裂，并伴随着受伤部位的疼痛、肿胀和触痛。Ⅲ度损伤是指韧带完全撕裂，肿胀明显并伴有出血和触痛，伤者有部分功能活动障碍并且有明显的关节活动不正常和脚踝关节不稳定。临床表明，绝大多数Ⅰ度和Ⅱ度损伤的病人不需要动手术就能够很快恢复，并且预后很好。一般情况下，运动员受伤后，应立刻停止运动，首先冰敷来减轻疼痛感，再进行加压包扎和抬高患肢，最后在一段时间后采用弹力或非弹力绷带固定。

（八）腿部损伤

　　小腿肌腱和肌肉损伤是网球运动中常见的腿部损伤形式。小腿肌腱和肌肉损伤包括腓肠肌-比目鱼肌综合症、跟腱损伤、胫骨后部和趾屈肌增生症。小腿肌肉损伤（腓肠肌内侧-比目鱼肌损伤），俗称"网球腿病"，其产生的原因主要是由于大量时间用前脚掌着地，使得腓肠肌-比目鱼肌的连接处和跟腱承受较大负荷而造成的损伤。

　　通常腓肠肌损伤会影响小腿下部1/3段的中部（内部）肌肉，肌腹-肌腱的连接处会出现断裂，如图5-3-8所示。其主要症状表现为，沿小腿内侧有突然的刺痛，导致患侧下肢无法移动，尝试踮起脚尖时也会感到疼痛，且受伤部位疼痛更明显。

　　对于小腿肌肉损伤的治疗一般需要到正规医院接受专业治疗。另外，在紧急时可使用拐杖来减轻疼痛。并且，在紧急时期使用小脚后跟垫也有助于减轻症状，一旦脚跟的功能恢复，应尽快拆除脚后跟垫。

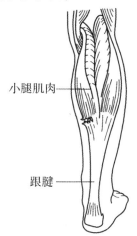

小腿肌肉——

跟腱——

图 5-3-8　小腿肌肉损伤——"网球腿病"

（九）膝部损伤

由于网球运动中存在大量的削球、转身、跳跃、快速奔跑、急速起动和急停等剧烈动作，这些都是产生膝部损伤的主要原因。另外，在各种网球动作如发球、接高空球和接地面球中，膝部必须承担发力和减震的双重角色，这也对膝部造成了一定程度的损伤。这些原因使得膝部损伤成为网球运动中常见的损伤形式之一，最常见的膝部损伤为关节腔，包括半月板、软组织和韧带的损伤。

1. 半月板损伤

如图 5-3-9 所示，半月板是位于组成膝部关节的大腿股骨和小腿胫骨的两块主要骨骼之间的，由弹性软骨构成的 C 形缓冲结构。半月板主要起缓冲作用，从而防止关节面软骨（位于骨头端部的软骨）受冲击对膝部造成损伤。膝部能够承受人的体重 2 ～ 4 倍的力量，而半月板传送了膝关节 50%～100%的负荷。

半月板急性损伤时，会在扭动或旋转后立即出现疼痛。软骨退化导致的损伤发作的迹象一般不很明显，但是急性损伤会在已经因退化变性而变得脆弱的半月板上出现。半月板受损后膝部会出现轻微肿胀以及在跑动或做其他剧烈运动时引起膝内疼痛。如果半月板产生了大面积损伤，可能会导致膝部无法运动；如果因为损伤导致脱落的碎片碰撞膝关节，还会造成膝部无法伸直。

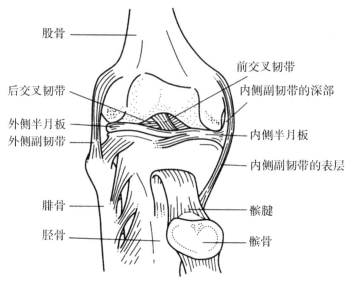

图 5-3-9 膝关节结构示意图（正面）

半月板损伤时，在 75% ~ 85% 的情况下，可在关节部位找到触痛点，且经常会在一些诸如弯曲、旋转等运动时感到不适。临床上一般需要结合上述疼痛的症状以及物理检查的结果来做出诊断。在比较复杂或者特殊的病例中，采用核磁共振成像技术可以很精确地对其进行诊断，如图 5-3-10 所示。而使用关节内窥镜不仅可以作为检查的手段，同时还可以治疗半月板损伤。

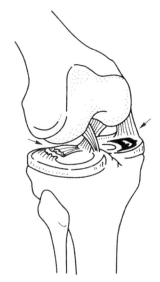

图 5-3-10 半月板撕裂类型（右侧为纵向撕裂，左侧为横向撕裂）

多数半月板损伤没有或者只有轻微的症状，因此常见的治疗是通过控制肿胀，以及配合物理方法来加强股四头肌和腘绳肌腱的力量，从而使受伤部位得以自我修复。如果半月板严重损伤，则需要采用关节内窥镜诊断和手术治疗，以防止患者长期丧失运动能力或者病情反复发作。

多数半月板损伤需要切除部分半月板，而当损伤发生在靠近关节囊外部的半月板开口处时，其修复后的复原时间要大大长于经过简单的部分切除之后所需的时间。在康复治疗方面，没有什么特殊的办法，一般采用控制肿胀，增强膝关节活动能力以及腿部力量来进行修复。

2. 膝部韧带损伤

在网球运动中，运动员膝部最有可能受损的韧带是内侧副韧带（MCL）和前十字韧带（ACL），如图 5-3-11 所示，这种损伤一般出现在运动员转身或是削球时。

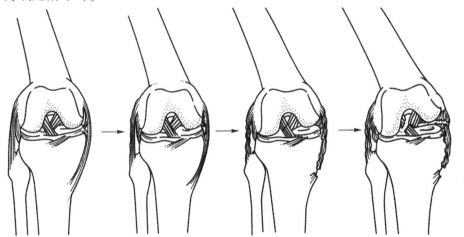

（a）正常膝关节　（b）MCL 内部损伤（c）MCL 完全损伤（d）合并 ACL 损伤

图 5-3-11　膝关节韧带损伤

MCL 支撑膝关节，使其不受侧向压力的影响，是最易受损的膝部韧带。损伤一般是在膝部因旋转而被迫受力的时候发生，此时运动员会觉得膝部内侧韧带的位置疼痛并且有触痛感。这里，有两种情况需要注意，具体如下。

（1）内侧副韧带损伤。第一级损伤属于良性损伤，包括韧带纤维轻微损伤等。第二级损伤包括韧带拉长引起的局部损伤，但韧带仍然保持完整。这两种损伤都可以通过早期活动来治疗而不需要特殊的防护。第三级损伤则比较严重，并且通常伴随有其他的韧带损伤。单纯的第三级损伤需要进行 4～6 周的适当有保护性的治疗，如果伴随有 ACL 损伤，则治疗措施首先是 4 ～ 6 周的保护性的功能复原治疗，然后进行 ACL 损伤的相关治疗。

（2）膝关节前交叉韧带损伤。膝关节前交叉韧带的主要功能是防止小腿骨（胫骨）相对于大腿骨（股骨）向前运动，它承受向前总拉力的 86%，在击球、转身、变向运动中具有至关重要的作用。损伤发生时会感到有响声和剧烈的疼痛。症状较轻者建议在训练时佩戴膝关节运动护具，训练后立即冰敷。严重的 ACL 损伤一般采用手术治疗，非手术治疗通常会导致复发并且造成半月板破裂。

另外，腰背脊柱损伤的防治也是非常重要的，防止脊柱损伤的关键是在发球中保持协调有节奏的连续动作。限于本书篇幅，此处不再进行详细阐述。

第四节　网球运动中的疲劳处理

疲劳是一种综合性症状，主要受人的生理和心理两方面的因素影响。当运动员运动到一定程度后，会出现组织、器官甚至整个机体能力都有所下降的现象，称为疲劳。它是一种生理现象，经过有效休息后，能力是可以恢复的。不同程度的疲劳，表现出的特征也不同，主要表现如下。

（1）轻度疲劳。运动员处于轻度疲劳时，自我感觉无任何不舒服，面色稍红，排汗量不多，呼吸中度加快，步态平稳，注意力较好，能正确执行指示。

（2）中度疲劳。运动员处于中度疲劳时，自我感觉疲乏、腿痛、心悸，面色相当红，排汗量较多，呼吸显著加快，步态摇摆不稳，执行口令不准确，会出现错误的技术动作。

（3）极度疲劳。运动员处于极度疲劳时，自我感觉除疲乏、腿痛、心悸外，尚有头痛、胸痛、恶心甚至呕吐等现象，且这些现象会持续相当一段时间；面色十分红或苍白，有时呈紫蓝色；排汗量非常多，尤其是整个躯干部分；呼吸显著加快，并且呼吸较浅，有时会出现节律紊乱；步伐摇摆现象显著，出现不协调动作；执行口令缓慢，技术动作出现变形。

一、疲劳的分类

按照疲劳产生的性质，疲劳的类型主要可以分为以下三种。

（1）生理性疲劳。生理性疲劳一般发生在以肌肉活动为主的各种运动训练、体力活动中，是由身体活动或肌肉活动过量引起的运动能力及身体机能暂时性降低的现象。症状常表现为肌力下降、肌肉酸痛和关节僵硬等。

（2）心理性疲劳。心理性疲劳主要是指在日常训练或运动中，因压力过大、神经紧张等引起的神经功能紊乱的现象。一般发生在以脑力活动为主的训练及运动中，其主要表现为注意力不集中、脑力活动迟钝等，行为上的改变表现为动作迟缓不协调、失眠以及烦躁等。

（3）病理性疲劳。病理性疲劳又称过度疲劳，主要是指因各种原因导致的身体机能及神经功能紊乱，思维及活动能力降低的现象。

二、疲劳的处理方法

疲劳是人体自我保护的一种正常生理现象。科学研究证实，疲劳与恢复是运动后的必然过程。对于消除疲劳的方法主要有以下几种。

（1）睡眠。良好的睡眠能有效消除疲劳，充足的睡眠时间一般不少于 8 ～ 10 小时。

（2）积极性休息。积极性休息也是消除疲劳的一种有效方法，如散步、听音乐、钓鱼或下棋等。

（3）按摩。按摩是放松肌肉、消除肌肉酸痛和恢复体力的重要手段之一，包括全身按摩和局部按摩两种类型。

（4）物理疗法。物理疗法主要是指淋浴和局部热敷。淋浴时水温一般在 40 度左右，时间 15 ～ 20 分钟为宜；热敷的温度以 47 ～ 48 度为宜，时间约 10 分钟。

（5）心理恢复法。心理恢复法包括心理调整、自我暗示等手段，能在一定程度上有效地延迟疲劳的产生和消除疲劳。

（6）吸氧法（负离子吸入法）。吸氧法可以有效促进运动后身体内的乳酸继续氧化，有利于代谢产物的消除，进而消除疲劳。

（7）其他适用方法。

第五节　网球运动中的疾病处理

网球运动中的疾病主要是指因运动者体内调节平衡的功能紊乱而产生的疾病、综合征或功能异常等。这里我们主要对几种常见的运动疾病进行讨论，具体如下。

一、过度紧张

过度紧张是指网球运动者在比赛或训练时，运动负荷超过了机体的承受能力而引起的生理功能紊乱或病理现象。其中,训练水平低、经验较少的新手、因伤病长期中断网球运动训练的运动者、突然进行剧烈的运动或比赛的网球运动者以及受巨大精神刺激后的高水平网球运动者,出现过度紧张疾病的可能性较大。其类型和临床表现包括单纯虚脱或晕厥型、应激性胃功能紊乱、应激性心律失常和心肌损伤等。产生过度紧张的主要原因是训练或比赛负荷较大或过于剧烈,其次精神过度紧张或心理社会因素(包括紧张的比赛氛围、沉重的思想包袱等)也会使运动员过度紧张。此外,疲劳、饥饿、脱水、缺乏睡眠等因素也是重要诱因。

网球运动者出现过度紧张后,应立即中止运动,并针对不同情况,进行相应的处理,具体如下。

(1)病情较轻者,应使其平躺,食用一些易消化的食品,还要注意保暖。

(2)对于急性胃肠道综合征者,尤其发生胃出血后,应休息观察,进流质、半流饮食或软饮食,必要时可用止血药。

(3)伴昏迷者,应针刺或点掐人中、百会、涌泉等穴。

(4)伴呼吸、心跳停止者,应立即进行必要的抢救措施,如人工呼吸等,并及时送往医院进行抢救。

对于过度紧张的预防措施,主要是在运动前先作身体检查,做好充分的准备活动。其次,要遵守循序渐进的原则,并加强运动时的医学观察和自我监督。

二、运动性腹痛

运动性腹痛是指由运动引起或诱发的腹部疼痛,其具体表现是网球运动者在训练和比赛时出现恶心、呕吐、腹痛、腹泻、便秘和出血等症状。发病原因包括腹外疾病(如右下肺炎、胸膜炎等)、腹内疾病(患有肝胆疾病的运动者在剧烈运动时更易出现腹痛)、胃肠功能紊乱(运动时腹部受凉)、腹部挫伤(钝性暴力作用,如撞击、击打等)等。

对因腹内、外疾病所致的腹痛,主要的治疗方式包括药物治疗、手术治疗、理疗等。对仅在运动时加快速度后才出现腹痛的网球运动者,可减慢速度,调整呼吸;如果无效,疼痛剧烈时应停止运动,服用阿托品等解痉止痛药或者针刺内关、足三里等穴位。

三、运动性中暑和热痉挛

中暑是指在高温环境下，由于人体体温调节功能紊乱而引起的急性疾病，其中运动性中暑属于中暑的一种。在网球运动中，网球比赛通常在室外进行，如果是在炎热和湿热的环境下，就会导致运动员发生运动性中暑或热痉挛等急性疾病。

（一）运动性中暑

运动性中暑是由外界环境中的物理因素（如高温）影响人体器官和系统的机能活动而引起的急性疾病，主要表现为大汗淋漓、发冷和头部阵痛；恶心、高烧和心率加快；精神错乱或失去知觉。

针对中暑轻微的网球运动者，应迅速停止训练，将其转移至阴凉通风处休息、静卧，把头部垫高；饮用含盐的清凉饮料、茶水、绿豆汤、松解衣服，头部冷敷。有条件的，可以服用人丹、藿香正气水等中成药；若情况严重，应马上送往医院进行救治。

预防的方法是运动员首先要每隔15～20分钟喝200毫升常温水，并在运动间歇时用冰袋或冰毛巾降温；其次，运动员需要穿易蒸发汗液的较宽松服装；最后，需要减少在阳光直射的环境下长时间剧烈运动，做好必要的运动医疗准备。

（二）热痉挛

产生热痉挛的主要原因包括以下几个部分。

（1）肌肉连续收缩过快。

（2）疲劳。

（3）直接创伤。

（4）湿热环境。

对于热痉挛的处理，首先要纠正水盐代谢紊乱，静脉注射生理盐水或5%葡萄糖盐液；其次，神志清醒者可口服含氯化钠饮料，神智昏迷者可针刺人中、涌泉等穴，肌肉痉挛者可牵伸痉挛的肌肉使之缓解，在四肢做向心重推摩；最后，在条件允许的情况下，应当将患者送往医院进行治疗。

对于热痉挛预防的方法，首先是要进行各种力量、耐力、柔韧性、灵敏性训练；其次，是在湿热环境下训练，增强身体适应能力；再次，要注意运动前后水和运动饮料的及时补充；最后，要注意合理饮食，摄食含钾丰富的食物。另外，还要做好相关的医学防护准备。严重的热射病患者若抢救不及时，有死亡的危险；体温超过42℃或昏迷的患者，死亡率也很高。因此，在网球运动过程中，网球运动者和教练员要有效预防运动性中暑的发生，并正确掌握处理措施和预防措施。

四、肌肉痉挛

肌肉痉挛是肌肉发生不自主的强直收缩所显示出的一种现象，俗称抽筋。发生肌肉痉挛的网球运动者不能坚持参加运动和比赛，发作时间通常可持续数分钟。发病原因主要包括寒冷刺激、电解质流失过多、肌肉连续过快收缩而放松不够、过度疲劳与代谢物堆积等因素。

处理措施主要是牵引痉挛的肌肉使其缓解，牵引时用力应当均匀、缓慢，切忌用力过猛造成肌肉拉伤。其次，可以通过按摩的方法来缓解症状，热疗（如热水浸泡、局部热敷）也有一定疗效。此外，睡前饮水、泡脚，也能有效放松神经、松弛肌肉、减少抽筋。

当然，关于网球运动中的疾病还有很多，如运动性贫血、运动性蛋白尿、运动性血尿等疾病的处理和预防，也是教练和运动员需要注意的，限于本书篇幅，此处不再一一赘述。

第六章　网球运动教学及评价

网球教学是教师在综合教学目的和学生整体特点的前提下，有计划地指导学生掌握网球运动的相关知识，增强学生整体素质和能力的教育过程。概括地说，只要是与网球运动技能的学习和传授有关的组织活动，都是网球运动教学的一部分。本章主要就网球运动教学的任务和原则、教学方法与内容、教学计划与实施及教学评价等方面的内容展开详细讨论。

第一节　网球运动教学的任务和原则

一、网球运动教学的任务

对于网球运动教学而言，其主要任务可分为以下几个部分。

（1）学生对网球技能的掌握。网球运动教学主要是对学生进行网球运动相关的理论知识、技术和战术的教学。其中，理论知识是网球运动的基础部分，也是学习网球技术与战术的重要依据。三者既有区别又相互统一，在教学过程中要给予同等的重视。

（2）学生身体素质的增强。网球运动中需要大量的奔跑并且存在多样的技战术打法，这对学生的身体素质（如协调、灵敏、力量、耐力等）提出了较高的要求，良好的身体素质是进行网球运动的必要条件。所以，在网球教学中，不仅要注重理论技能的培养，还要注重学生身体素质的提高。并且，通过网球教学还能丰富学生的健身知识，促进学生身体正常发育和技能的全面发展，为提高学生的体能和运动技术水平打好基础。另外，网球运动的学习还可以活跃学生身心，促进身体正常发育。

（3）培养学生的意志品质和合作精神。在网球运动中，通过高强度的网球对抗实战，可以有效提升学生的意志品质；而通过双打等形式的网球实战还可以培养学生的合作精神。这在一定程度上对学生的思想和品德教育起到了积极的推动作用，有利于对学生的组织纪律性和优良的行为作风进行培养。

（4）树立正确的世界观。网球教学是一项积极乐观，勇于拼搏的体育运动，有利于培养学生顽强的意志和独立思维，这对学生树立正确的世界观有着十分重要的影响。

二、网球教学的原则

网球教学的原则主要包括直观性原则、循序渐进原则、巩固性原则、自觉积极性原则、因材施教原则、学习与实战相结合原则等基本原则，具体如下。

（一）直观性原则

在网球教学中，教师主要是通过技术动作示范和比赛录像等比较直观的教学方法，对学生进行具体形象的示范教学，便于学生对各项技术的特点、要领和运用范围等内容的理解，能有效地使学生进行有意识的模仿和体验动作，促使他们尽快掌握网球运动中的各项技术动作。教学过程中，要注意提示重点，强调学习的重点内容，并通过正确生动的示范与讲解以及充分利用动作音像教材的演示特点和作用，来提高直观教学的效果。

（二）循序渐进原则

网球知识技能的学习要遵守循序渐进的原则，技术技能的教学要根据学生的认知规律和动作技能的形成规律等进行网球知识和技能的教学。此外，对于学到的知识技能，还要采用各种有效的方法来促使学生不断地进行练习巩固。网球教学中的循序渐进原则，主要表现在以下几个方面。

（1）教学内容的安排。如对某一技能的练习，应该先空手练习，再进行空拍练习，最后进行有球练习。这样有序进行，才能使学生容易理解和学习，并使学到的技能和知识得到巩固和提高；又如网球运动的击球技术的练习，要从慢球练习到快球练习等。

（2）教学内容连贯。进行网球教学，必须保证教学内容的系统性和连贯性，以保证网球教学工作的有序进行。

（3）逐步提高运动负荷。在网球教学过程中，运动负荷的提高应遵循循序渐进的原则，只有逐步提高学生的运动负荷，才能让学生的身体机能逐步适应。例如，对于初学者的击球练习，应按照由慢到快的击球节奏进行安排；而对于两人之间的对打练习，应按照由近及远的形式进行安排，随着学生的手感和技术的逐步提高适当拉长击球距离直到底线。

（三）巩固性原则

在网球教学中，运动员学到的网球技术和技能若不能得到经常的练习和巩固，就会生疏甚至消退。所以，为使学生牢固地掌握网球技术，教师应指导学生进行反复学习和练习，在巩固教学内容的基础上不断提高学生网球运动水平，增强体质，从量变过渡到质变，达到运用自如的程度。主要途径有以下两种。

（1）反复讲解、反复练习、不断强化、逐步提高。反复不是简单的机械重复，而是在每一次重复中寻找自己的不足之处，并且在下一次动作中贯彻巩固提高原则，力求改善，以使技术动作达到标准要求。

（2）采用各种方法，不断重复，达到巩固提高的目的。在巩固阶段，注意动作的完整性和标准性，出现问题要及时纠正。教师应针对不同的情况，运用有效的教学手段与方法，促使学生在学习过程中顺利地掌握标准动作。

（四） 自觉积极性原则

自觉积极性原则是指在网球教学中，要启发学生明确网球学习的目的，调动其学习网球的主动性和积极性，培养其对动作的认真思考和自主练习能力。实践中，贯彻自觉积极性原则常采用的方法如下。

（1）树立明确的目的是学习实践活动的开始，包括健身娱乐和获得比赛名次等。

（2）明确每节课的任务、要求；明确每个教学内容的意义和作用。

（3）丰富教学内容与方法，活跃教学课堂，激发学生对网球的兴趣。

（4）运用启发式教学方法，启发学生积极、主动思考。让学生通过互相观察来发现问题，然后有效地进行纠正并完善自己的动作。

（5）采取积极的激励措施，使学生认识到自己的进步与提高。

（五） 因材施教原则

研究发现，因材施教是高质量教学的重要前提，是根据每个学生的不同条件和情况进行教学的一种有效手段。这需要教师通过各种途径和方法，去了解学生的一般情况和个体特点，切实掌握学生的情况和特点，以便采取不同的措施，因人施教。另外，在教学过程中，要注重一般要求和个别对待相结合：对少数基础好的学生，可以安排较长时间和较高强度的练习；对基础差、接受能力弱的学生，则应耐心辅导，适当放慢学习速度，降低练习规范，使他们能逐步达到一般要求。

（六） 学习与实战相结合原则

实践出真知，只有经过实践，球员才能找到自己技术和打法等方面的不足，并使自己得到进一步提升。所以，网球教学必须重视学习与实战相结合，使学生在习得网球技能的同时，从实战中建立起在移动中对抗的概念和技术实效的概念。

第二节　网球运动教学方法与内容

一、网球运动教学方法

教学方法的选择和使用直接影响着教学质量的高低。科学合理的网球教学方法能使学生有效地掌握和提高网球技术，是实现网球教学目的的主要手段之一。在网球教学中，常用的教学方法包括直观教学法、语言教学法、练习教学法和重复教学法等，具体如下。

（一）直观教学法

网球教学中的直观法，主要包括动作示范教学和电化教育两种教学方法。下面，我们就对这两种教学方法展开详细论述。

1. 动作示范

动作示范是网球教学中最常用的一种方法。教师通过具体的动作示范，不仅有利于学生对动作的形象、结构、要领和方法产生深刻的印象，而且还能引起他们的兴趣。在网球教学中进行动作示范时，需要注意突出重点和确定示范的主要内容，并且示范位置的选择也对示范教学的效果有着重要的影响。一般网球教学的示范位置，如图 6-2-1 所示。

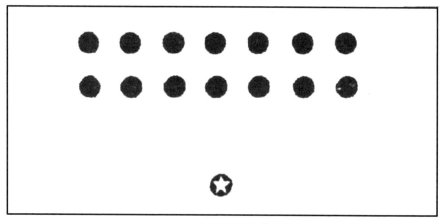

图 6-2-1　网球教学的示范位置

网球教学中，教学示范的形式主要有以下几种。

（1）先示范，后讲解，再练习。

（2）先讲解，后示范，再练习。

（3）先练习，再示范讲解。

（4）边练习边讲解示范。

最后，在进行教学示范时还要注意以下几部分内容。

（1）示范动作的选择。示范动作的规范与否，直接影响着教学对学生的吸引力和诱导性。优秀的示范动作能为学生的学习创造良好的心理生理条件，能有效地使学生建立起一定的运动条件反射。

（2）示范动作必须层次清楚。在进行动作示范时，基本动作、慢动作、分解动作等要环环相扣，循序渐进。

（3）示范动作应优美协调。优美协调的示范动作能有效刺激学生的直觉感官，使其在获得良性刺激和美感的同时，对网球产生浓厚的学习兴趣，这对取得良好的教学效果提供了有效的基础保障。

2. 电化教育

在网球教学的过程中，往往由于示范动作的受众较多，导致许多学生印象不深或有所忽略，而电影和录像却可弥补此缺点。所以，电化教育也是直观教学的一种重要方法，特别是慢速电影，更有它的独到之处。通过录像的反复观看和对比，能有效地让学生的技术动作得到完善与提高，并且有利于教师因材施教。在网球教学中，录像反馈教学的形式简单，而且具有广泛的适应性。录像反馈教学不仅可以对学生的学习情况进行控制，还可以使教师对教学情况进行控制，教师可以通过录像反馈及时纠正并控制整个动作形成的偏差；其次，录像反馈教学反馈及时、准确，能突出重点，具有很强的针对性；最后，录像反馈教学能有效调动学生积极性，开发学生潜能。

在网球教学中，录像反馈教学注重师生共同参与民主评议，这在一定程度上尊重了学生在教学中的主体地位。录像反馈教学注重开发学生的潜能，能有效培养学生的独立人格和独特的品质。另外，录像反馈教学还使得结论式的教学变为过程式的教学，这对于教学质量的提升提供了科学有效的技术支撑。

（二）语言教学法

在网球教学中，语言教学法使用最为广泛，其作用主要表现在以下几个方面。

（1）激励作用。通过传递语言信息，为学生讲明教学目标、任务、所学技术的意义以及价值，激励学生产生学习网球的兴趣及树立目标。

（2）启发作用。通过传递语言信息，针对教学的内容、技术动作要领进行提问，引发学生思考，发挥学生在教学中的主体地位和作用，培养学生的思考能力。

（3）提示作用。学生完成网球技术动作时，教师通过语言提示学生注意动作的技术环节，提醒学生可能出现的错误动作。

（4）反馈作用。在每一个技术动作完成时，教师可以通过语言给予学生及时反馈。正确的动作，教师在言语上给予肯定，有利于学生在下一次练习时进行巩固、提高；有缺点的动作，通过言语的指出，有助于学生在下一次练习时及时改进、完善。

（三）练习教学法

在网球教学过程中，常见的网球练习教学方法主要有挡网练习法、墙球练习法、教师送球练习法、击抛球练习法、对打练习法、循环练习法和多球练习法等，详细阐述如下。

（1）挡网练习法。挡网练习法主要是指运动员在场地周围向着挡网的方向进行击球练习的一种练习方法。

（2）墙球练习法。墙球练习需要一面垂直平整至少 3 米以上的墙体，并以球网高度在墙面 0.914 米处画一条线，作为击球的标准线，来进行相关的网球技术的练习。

（3）教师送球练习法。通过将学生排成队列，教师依次给每个学生送球，学生排队轮流进行击球，也可排成两队进行，如图 6-2-2 所示。

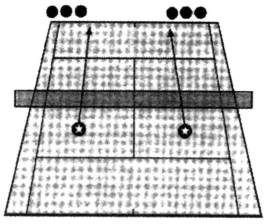

图 6-2-2　教师送球练习法示意

（4）击抛球练习法。由学生自行两两组队，两人通过互相送球的形式进行练习，所以有时也称伙伴教学法，如图 6-2-3 所示。

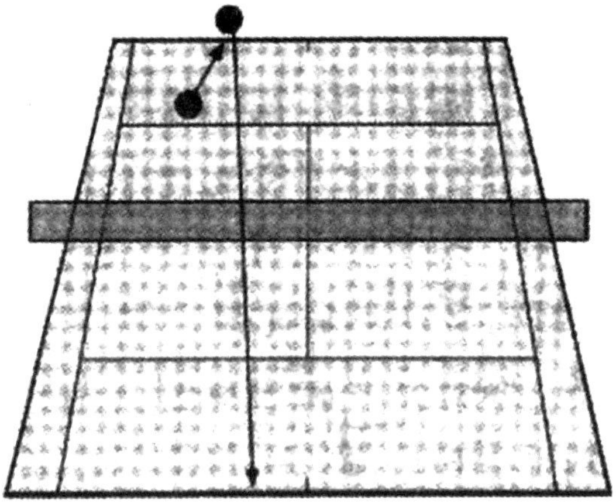

图 6-2-3　击抛球练习法示意图

（5）对打练习法。对打练习是在学生拥有一定的网球技术基础的前提下进行的实战练习方法，通过学生之间的对打练习来提高他们的技术与技能。

此外，在球员拥有一定的网球技术水平后，还可以进行多球练习、变换练习以及多种形式的练习，限于本书篇幅，此处不再一一列举。

（四）重复教学法

重复教学法是指教导学生以不变的动作，对基本击球技术进行反复练习的方法。教学中，通过反复训练可以不断巩固和提高学生的击球效果和技术稳定性。重复教学法的作用主要包括以下几个方面。

（1）重复教学法有利于教师观察、帮助学生改进技术动作。

（2）重复教学法有利于学生在反复练习中掌握和巩固技术动作。一方面有利于学生锻炼身体、发展体能，另一方面对于学生意志品质的培养也十分有益。

（3）重复教学法不但能使学生不断克服自身的惰性，并且能增强学生的体魄，提高学生的自觉意识。

二、网球运动教学的内容

在现代网球教学过程中，主要对象是网球运动的初学者，因此教学要从最基本的知识技能开始。教学内容可以根据教学对象和教学目标的不同来自由选择。

（一）教学与训练

教学与训练二者之间既存在一定的区别，又有一定的联系，具体如下。

（1）教学是训练的基础。教学是由不会到会的过程，是为了掌握基本的技术动作方法和规范。

（2）训练是提高运动水平的过程。训练是由会到提高的过程，是为了技术技能和运用能力的提高。

所以，在网球教学的过程中，对于网球运动的训练与实践也是不可或缺的重要部分，需要结合教学过程中的实际情况和具体条件，有选择性地进行相关的训练项目，以达到学以致用、教学与训练相结合的科学教学要求。

（二）网球运动教学的内容

网球教学的基本内容主要包括以下三个方面。

（1）理论知识教学。理论知识教学是指学习和掌握网球运动基础理论内容的教学。理论知识的教学有助于技术和战术的学习，是技战术学习的基础。

（2）技术动作教学。技术动作教学是初学阶段的主要内容，包括技术规格、技术动作方法要领和技术的运用方法等内容。

（3）战术方法教学。网球战术方法的学习，主要是针对网球运动中单打战术和双打战术的学习。由于两者的战术类型不同，所以战术方法的教学也会有所不同。

另外，在网球比赛中，学生要独立面对和解决遇到的问题，所以网球教学过程中还要对学生的独立思考能力进行相关的培养与发展。

第三节　网球运动教学计划与实施

一、网球运动教学计划

网球运动教学计划对网球教学的有效实施有着十分重要的意义，它需要教师按照一定的依据，科学合理地进行安排，具体如下。

（一）网球教学计划的意义

网球教学计划的意义主要表现在以下几个方面。

（1）有利于学员的长期发展，并且有利于教师全面认识网球学员的发展。

（2）教学计划有利于教师对独立教学任务的控制，并能有效提升整体教学效果。

（3）有利于教师掌握、调控整个教学过程，积累教学过程中学员的所有信息和资料，并对教学做出及时、客观、科学的分析和评价，以实现教学目标。

（4）为教师提供科学的教学目标和实现这一目标的具体模式，使教师、学员和所有相关人员对运动训练有统一的认识。

（二）网球教学计划制定的依据

制定教学计划的主要依据包括以下几个方面。

（1）教学的目标。目标有直接和间接、长期和近期、整体和局部之分。教学计划目标主要是根据运动员各方面的特点和现实状态来确定的。

（2）运动教学的客观规律。网球运动教学的客观规律主要包括生物和自然界的节律性变化规律；网球运动专项的特殊规律；教学适应性的产生与变化规律；人体承受负荷和负荷后的恢复规律；网球比赛安排的规律；竞技状态的形成与周期性发展规律等。

（3）学员的全面了解。教学计划要根据学员的个人特点以及具体状态，建立个体教学模式，实施个体化教学，以便最大限度地提高教学效果，并以此取代传统的划一式教学方式。

（4）科学化教学的发展趋势。网球运动是不断渐变发展的，因此网球运动教学也必然是一个不断动态变化的过程。

（三）网球教学文件的制定

教学文件的制定是网球教学工作顺利进行的重要前提，是完成教学任务的重要保障。网球教学文件的制定主要包括教学大纲、教学进度和课时计划三部分内容。

1. 教学大纲

网球教学大纲是以编写纲要的形式，对有关教学的目的、任务等起指导性作用的文件，其基本内容主要包括以下几个方面。

（1）大纲说明。大纲说明的主要内容包括大纲制定的依据、主要原则，教学的指导思想、课程标准和相应的教学措施等。

（2）任务。教学任务包括理论学习的任务、技战术学习任务、学生能力培养任务以及学生素质教育任务等。

（3）要求。教学要求包括专业知识学习的要求、技能掌握的要求、学生身体素质发展的要求和学生思想品德教育的要求等。

（4）教学内容。教学内容主要包括以下三个部分。

①基本理论。基本理论包括网球教材教法、网球运动概述、网球规则与裁判法、网球技战术理论、网球训练指导与健身指导、网球场地设施与管理等。

②实践。实践部分的教学内容要列出普修内容、一般内容、专修内容或重点内容等。

③能力培养。能力培养要提出具体内容，如讲述网球技术战术理论方法的能力等。

（5）教材。好的教材能有效提高教学的质量，是教学任务顺利完成的重要保障，所以网球教学的教师必须拥有一些专业的书籍及参考资料。

（6）成绩考核。依据教学目的而确定课程考核的办法，主要包括考核的内容、方法、标准以及技评与达标、理论与实践能力的考核等。

2. 教学进度

网球教学实践中，通常采用的教学进度有顺序名称式、表格符号式两种格式。

（1）顺序名称式。顺序名称式是指按课次的顺序将各类教材的名称填入表格的教学内容栏内，在课程类型内填写采用的组织方式的一种常用的教学进度表（见表6-3-1）。

表6-3-1　顺序名称式格式

课次	教学内容	课程类型	备注
1			
2			
3			
4			
5			

（2）表格符号式。表格符号式（见表6-3-2）是指将教材的内容按编号顺序逐个列入教学内容栏内，然后按出现的先后顺序在相应的课次栏内分别做出标记，科学地排列组合，从而反映出每次教学的教材安排和整个教材排列的顺序及数量。

表 6-3-2 表格符号式格式

编号	教学内容	时数	出现次数	课次														
1																		
2																		
3																		
4																		
5																		

教学进度的基本要求主要包括以下几点。

（1）兼顾全局，突出重点。教学进度要在全面考虑的基础上，根据教学大纲的要求和运动技能形成的规律，把教材内容安排到适当的位置，增加重点教材内容出现的次数，使整个教学过程更加科学、合理。

（2）遵循逻辑关系，合理利用迁移的原理。教材的排列要体现网球运动和网球教学的自身逻辑特点，知识单元和技术的排列要体现合理的逻辑关系。另外，为了防止消极的干扰，还要使教材之间在学习时产生积极的迁移。

（3）循序渐进。制定教学进度要遵循循序渐进的原则，要合理分配每次课的不同教材分量，使各类教材合理搭配。

（4）理论结合实践。制定教学进度时要本着理论指导实践的精神，有针对性地安排好理论课教学，应将理论课与实践课相互配合。实践课的教学要采用多种形式，使学生的多种技能得到发展。合理的教学进度示例，如图 6-3-1 所示。

3. 课时计划

课时计划的制定是教师上课的主要依据，是教师经过认真备课，并以课的组织形式编制的教学实施方案。其基本形式主要包括以下两种。

（1）表格式课时计划。表格式课时计划的特点是结构固定、简单、教学内容和组织教法相对应。

（2）条文式课时计划。条文式课时计划一般用于理论课教学，供教师讲授提纲与组织教法的方式配合理论课讲稿共同使用。

制定课时计划时，首先要依据教学目标的要求、教材的主要内容和学生的实际情况提出具体的教学任务，并以此来确定教学的组织模式，采用合理的教学方法进行具体教学。其次，在课时计划中要对运动负荷做出合理的估计，这样才能有利于学生对网球技能的掌握和身体素质的发展。

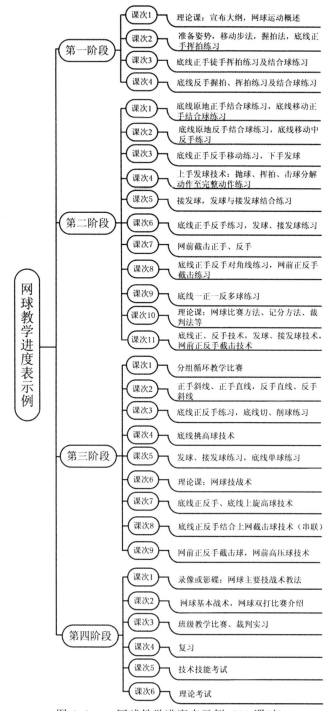

图 6-3-1　网球教学进度表示例（30 课时）

二、网球运动教学的实施

网球运动教学的实施部分，主要包括网球运动教学的分组和网球运动教学进度的安排两方面内容，详述如下。

（一）网球运动教学的分组

网球运动教学中的分组主要是依据学生技术水平的高低，通过不同的形式来进行学生搭配的过程，包括混合分组形式和按技术水平分组的形式，具体阐述如下。

1. 混合分组

混合分组主要是把技术水平较好者与技术水平较差者混编在一起，通过强弱搭配，让水平高的学生引导水平低的学生，从而有效协助教师对学生进行指导。这种学生之间的互教互学，有利于教师的教学，为达到教学的一般要求提供了有力的支持。但是，采用这种分组方法也有一定的缺陷，可能会对水平较高的学生的积极性产生影响。所以，教师要在教学过程中，有选择性地对他们予以专门辅导。

2. 按技术水平分组

与混合分组不同，按技术水平分组首先要对学生的技术水平进行阶段划分，然后把水平相差不大的学生分在一组，主要可分为以下几组。

（1）水平优秀的学生分在一组。

（2）水平次之的学生分在一组。

（3）水平一般的学生分在一组。

（4）水平较差的学生分在一组。

通过这样的方式，一方面便于教师有针对性地对各组教学的内容进行安排，如不同的教学手段、练习方法和运动负荷等；另一方面也能较好地体现教学过程中因材施教的原则，能满足不同水平的学生的练习要求，主要表现如下。

（1）水平较高的组的教学进度应适当加快，并加大练习量，提高练习难度。

（2）水平较低的组的教学进度应适当慢些，并降低一定的练习难度，以达到一般的教学要求为目的对其进行施教。

另外，随着学生技术水平的不断改变，教师还可以灵活地对组别进行有效调整，以充分调动学生的积极性。

（二）网球运动教学进度的安排

科学有效的教学进度安排，是取得高质量教学效果的重要保障。教学进度安排包括单一教学和综合教学两种形式，具体如下。

1. 单一教学

在网球运动教学中，单一教学是一种集中力量打歼灭战的方法，主要是指教师有计划地在某一特定教学时间内，只对一种技术进行教学的方法，只有在保证学生基本掌握这项技术后才进行下一步教学。这种教学方法的优势在于突出重点，对解决关键性的技术环节效果良好，能有效地促进学生对某一种技术动作的快速掌握。但是，单一教学的缺点也很明显，单调的教学内容使得教材内容过于集中，加重了学生身体局部的负担，容易使其产生厌烦情绪或产生疲劳。所以，在教学中要有针对性地增加一些游戏或有安排性地采用多种练习方法，以此来提升学生的积极性。

2. 综合教学

综合教学与单一教学有明显的区别，主要是指教师在某一特定教学时间内，对学生连续进行多种技术的教学，即进行某一组含有多种技术的教学后，再从头开始这一组的教学，以连续循环地进行多种技术教学的形式，来完成教学任务。其主要特点包括以下几部分。

（1）有利于学生全面地接触各项技术。
（2）课程丰富，形式多样，能有效提升学生学习的积极性。
（3）能在较短的时间内使学生掌握多种技术。
（4）课程密度、强度较大。
（5）对教师教学能力的要求较高。

因此，在综合教学过程中，对于每一次教学课程的安排，都要注意前后课程之间的衔接和不同教材内容的分量（一般以 2～3 项为宜）。

第四节　网球运动教学评价

网球教学评价是网球教学活动中一个非常重要的方面，主要是为了能更好地指导人们进行网球教学。对于网球教学评价，本节主要就其类型、原则、内容、作用以及实施等方面进行详细论述。

一、网球教学评价的类型

由于角度的不同以及依据的标准不同，网球教学评价的类型也有所不同，主要可分为以下几种类型。

（1）对教师和学生的评价。对教师和学生的评价主要是指对教师和学生在网球教学活动中表现的评价，是教学过程的性质和教学活动的结果的有效体现。

（2）主观与客观评价。主观评价主要是指评价者以主观体验的方式通过听课和谈话等形式，对教学质量进行的评价。客观性评价是指评价者通过客观的测量和测验收集资料而做出的评价。

（3）单项与综合评价。单项评价是指评价者对网球教学活动中某一侧重点的评价，这个侧重点可以是学生的成绩或教师的教法等。综合评价指的是对网球教学活动总的评价，如对网球教学质量的总体评价。在网球教学评价的过程中，二者应结合使用，不能只做单一评价。

（4）诊断性评价。诊断性评价通常在教学活动开始前或开始时进行，是为了对学生的整体状况有一个更好的把握，以便更好地进行分组教学和安排教学计划。

（5）形成性评价。形成性评价主要有以下两方面的表现。

①学生方面。形成性评价可以向学生提供学习上的反馈来激励和改进学生的学习。

②教师方面。形成性评价可以对教师的教学进行反馈，以改进教师的教学工作。

形成性评价的目的是通过对教学活动质量的评估来寻找教学中的问题和缺点，以促进教学方法或手段的提高和改善。形成性评价已成为当前教学评价的重要形式，并得到了人们的一致认可。

（6）终结性评价。终结性评价是对教学活动完成后的教学成果进行总体的评价。其目的是为了综合分析当前教学中的各种问题和质量，为将来的各种教学决定或决策提供资料或依据，是普遍被使用的一种教学评价方法。

二、网球教学评价的原则

一般情况下，在进行网球教学评价时需要遵守以下几点原则。

（1）客观性原则。评价者要以真实的资料为基础，对网球教学活动做出客观的价值判断。要贯彻好客观性原则，首先要制定明确的、具体的评价标准，并且严格执行；其次，在搜集评价对象的信息时要做到准确全面；最后，要规定严密合理的评价程序。

（2）整体性原则。在进行网球教学活动评价时不能以点带面、以偏概全，应对网球教学的各个方面做多角度和全方位的考察和测量。在具体实施时，不仅要使评价标准全面，保证其整体性，还要有所侧重，抓主要矛盾。

（3）全面性原则。网球教学的全面性原则要求评价者不能单一地评价对象，而是要全面地评价对象的各个方面。在制定评价指标体系时应该考虑到评价的全面性，对评价对象的各个方面都要考虑到。另外，还要全面搜集评价对象的各种信息，并进行全面的分析。

（4）科学性原则。在网球教学评价过程中，首先要有客观公正、实事求是的科学态度；其次，要通过科学的评价指标体系和科学的评价方法，提高网球教学评价的科学性。

（5）激励性原则。教学评价应提高活动效果的动机或期望，促使评价对象对不足之处进行改善。

三、网球教学评价的内容

网球教学的评价主要包括对教师的评价和对学生的评价两个部分，这也是教学评价的重点内容。

（一）对教师的评价

一般情况下，对教师的评价主要包括对教师素质情况的评价和对教师教学活动的评价两方面。

1. 教师素质情况的评价

对教师素质情况的评价，主要包括对教师政治素质的评价、身心素质的评价、知识与能力结构素质的评价以及可持续发展素质的评价四个方面。

（1）政治素质的评价。对教师政治素质的评价包括政治理论的考核成绩、为人师表、遵纪守法、工作态度及文明行为习惯等方面的评价。

（2）身心素质的评价。对教师身心素质的评价包括细致敏锐的观察力；思维缜密、快速，具有严密的逻辑知识体系；坚强的意志品质；丰富的情感，乐观的情绪等。

（3）知识结构素质的评价。对教师知识结构素质的评价主要是从以下几个方面进行评价。

①全面系统的网球专业知识。

②了解学生身心发展的规律和教育规律。

③理论与实践结合。

④系统地掌握教育学和心理学的基本原理和原则。

（4）能力素质的评价。对教师的能力素质的评价主要包括以下内容。

①教师的表达能力。

②教师独立进行教学的能力。

③教师教育管理学生的能力。

④教师完成教学工作量与质量的能力。

⑤教师开发和运用体育资源的能力。

2. 教师教学活动的评价

对教师教学工作情况的评价是衡量教师工作的主要手段，一般应包括以下几个方面。

（1）教学内容的评价。教学内容的评价主要是评价教学内容的科学性与思想性是否统一；是否科学安排运动负荷；教学组织是否合理等。

（2）教学技能的评价。教学技能的评价主要包括教师网球技术动作讲解的评价；处理课堂突发事件的评价等。

（3）教学方法的评价。教学方法的评价主要包括对教学方法选择的评价；教学方法合理性的评价；教学方法启发性的评价等。

（4）教学思想的评价。教学思想的评价主要包括对教师教学原则的评价；是否有改革创新精神的评价；是否能够促进学生全面发展的评价等。

（5）教学效果的评价。教学效果的评价主要是对教师完成教学任务质量的评价，包括能否充分发挥学生学习积极主动性的评价；能否激发学生运动兴趣的评价；能否促进学生形成体育锻炼习惯的评价等。

（二）对学生的评价

对学生的评价，主要包括学习成绩的评价、学习能力的评价以及品德和个性的评价三个方面。

（1）对学习成绩的评价。对学习成绩的评价主要是从以下几个方面进行。

①体育基础知识。学生对体育与健康知识是否能很好地理解与运用。

②基本运动技能。包括学生对网球运动基本方法和技能的掌握情况的评价；学生进行体育锻炼积极性的评价；学生对常见运动创伤处置方法的掌握情况的评价等。

③身体素质及体育意识行为。这方面的评价主要包括对学生参加体育活动的积极性的评价；学生形成体育锻炼习惯的评价；学生养成终身体育意识的评价；学生对体育锻炼计划编制能力的评价；学生对体育文化欣赏能力的评价等。

（2）对学习能力的评价。学习能力评价的目的是为了对学生的学习能力以及个别差异等情况进行全面的了解和掌握，以便有针对性地进行教学安排。

（3）对学生品德和个性的评价。对学生品德的评价包括对学生是否热爱中国共产党、热爱祖国的评价；学生的集体意识和良好作风的评价等。个性评价包括勇敢、顽强、朝气蓬勃、主动性和创造性等。

四、网球教学评价的作用

网球教学评价贯穿网球教学的始终，它在网球教学过程中发挥着多方面的作用，具体如下。

（1）反馈教学信息，调节教学工作的作用。网球教学评价所反馈出的教学信息，可使师生之间明确教学的目标，判定教学目标的实现程度，教学活动中所采取的形式、内容和方法等是否有利于促进网球教学目标的实现，这有利于体育教师对原有的教学设计进行有效的控制与变换。

（2）指导和考察教学活动的作用。通过网球教学评价，可以指导教师对教学目标的合理制定和改善，还可以对教师的教学进行鉴别和评定，帮助教师了解其教学质量和水平。另外，网球教学评价还可以考察和鉴别学生的学习能力和潜力、学生进行网球学习的状况和发展水平，给学生评定体育成绩，为国家选拔、使用人才提供参考。

（3）激励学生学习。合理、有效的网球教学评价可对学生学习网球起到导向与激励的作用，还可以调动教师教学工作的积极性。对学生来讲，学生学习网球的方向、内容、重点等，常常要受到网球教学评价内容和标准的影响；对教师来讲，适时、客观的教学评价可以使教师明确网球教学的方向。

五、网球教学评价的实施

网球教学评价实施的过程主要包括评价时间安排、评价准备阶段的工作与效果、实施阶段信息搜集的情况、分述各项指标的评价结果、综合性结论、评价对象对评价的意见、本次教学评价的总结等。这里我们就其中几个比较重要的步骤进行详细论述。

（1）教学评价目的的确定。评价目的的决定对评价的组织形式、内容和方法等各个方面都有着重要影响。例如，对教师的全方位评价，要运用多种评价方法，强调的是评价的诊断性和改进性。而如果采用终结性评价来评选优秀网球课，强调的就是评价的区分性和鉴定性。

（2）评价小组的成立。网球教学评价小组或机构的类型主要有临时性的、连续性的和稳定性的，要根据具体情况而定，但是必须要具有权威性，一般由专家和分管领导组成。

（3）评价指标体系的确立。评价指标体系的确立要遵循科学性、发展性、客观性、全面性、一致性和可行性的原则。评价者要根据网球教学的目的，合理地制定出评价指标体系。教学评价指标体系的内容主要包括要素结构（主因素、子因素以及分布与地位的结合体）、执行标准和量化方法三个部分。

（4）评价信息的收集与整理。信息收集是评价实施阶段的重要环节，主要可通过观察法、访谈法和测验法等方法进行评价信息的收集。

①观察法。观察法是指评价者通过观察获取评价信息的方法，是一种适用面较广的信息资料收集方法。对于了解、评价对象的行为表现、情感改变和意志特点等效果良好。如通过对网球教学课的观察，可以收集教师课堂教学的资料，既能了解学生的学习活动情况，也可在一定程度上了解教师的备课情况。

②访谈法。访谈法适用于了解评价对象的心理状态，主要是指评价者与评价对象进行面对面谈话，进而对所需信息资料进行收集的一种有效方法。

③测验法。测验法首先需要根据教学评价的内容，编制一定的等级量表和标准的试题，并通过这些表格和试题进行评价信息的收集。测验法主要可用于易量化的评价对象和形成性评价。

（5）评价结果的鉴定。评价结果鉴定的目的是为了能更好地激励评价对象更有效地提高教学质量。因此，评价结论除了综合判断之外，还应指出评价对象的优点和存在问题，并分析其中的原因，找出解决的措施和途径。评价结果的处理过程主要包括以下几个方面。

①反馈评价结果。反馈评价结果时应由评价者与评价对象面对面进行评级结果的反馈和沟通，通过充分的交流和沟通，使评价对象了解到自身的不足和缺陷，进而对其进行克服和改正。

②对评价活动本身的质量进行评价。对评价活动本身的质量的评价主要是评价活动本身的合理性和科学性。

③撰写评价报告。评价报告是对评价过程与评价结果的总结，包括评价目的、人员构成、评价方案的指导思想等。

第七章　网球运动赛事注意事项及裁判法

本章主要就网球运动赛事中的竞赛规则、竞赛组织、裁判职责和裁判方法等方面进行讨论，系统地探究网球竞赛知识体系，以便更多的网球爱好者更好地了解网球竞赛、欣赏网球竞赛以及进行相关的网球竞赛。

第一节　网球运动竞赛规则

一、网球竞赛场地和器材规范

在讨论网球运动竞赛规则之前，我们首先要对网球竞赛场地和器材的规范有所了解。下面，我们主要就网球竞赛中的场地、球、球拍及永久固定物等规范进行详细阐述。

（一）场地规范

在网球竞赛中，网球单打场地的具体参数，如图 7-1-1 所示；双打比赛场地的具体参数，如图 7-1-2 所示。

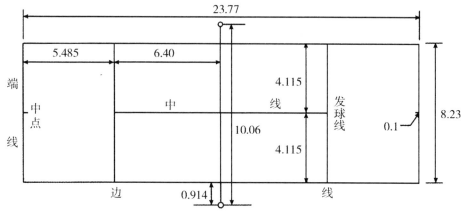

图 7-1-1　单打比赛的场地规范（单位：米）

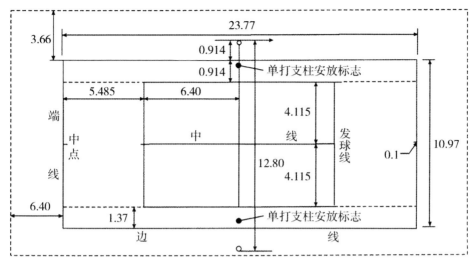

图 7-1-2 双打比赛的场地规范（单位：米）

（二）网球规范

现代网球比赛中所用的网球通常是由橡胶化合物制成，其特点是外表毛质均匀，接缝处没有缝线。对于网球的规格要求，一般包含以下几部分内容。

（1）网球的直径。网球的直径一般在 6.35～6.67 厘米之间。

（2）网球的重量。网球的重量一般是在 56.7～58.5 克之间。

（3）网球的弹力。网球的弹力一般是以网球在 2.54 米的高处自由落下时，在硬地平面弹起的高度为标准，弹起高度一般在 1.35～1.47 米之间为宜。

另外，当温度处于 20 摄氏度时，如果在网球上加压 8.165 千克时，推进变形应在 0.559～0.737 厘米之间，复原的平均值应在 0.89～1.08 厘米之间。这两种变形值是对球的三个轴方向所施的试验后读数的平均值，在每一种情况下任何两个数据之间的差异不得相差 0.076 厘米。

在网球比赛中，符合比赛规则要求的球，主要有三种类型，即快速球、中速球和慢速球，详述如下。

（1）快速球。快速球的重量一般在 56.0～59.4 克（1.975～2.095 盎司）之间；直径的尺寸应在 6.541～6.858 厘米（2.575～2.700 英寸）之间；弹性为 135～147 厘米（53～58 英寸）；向内变形以 0.495～0.597 厘米（0.195～0.235 英寸）为宜；反弹变形以 0.673～0.914 厘米（0.265～0.360 英寸）为宜。

（2）中速球。中速球的重量一般在 56.0 ~ 59.4 克（1.975 ~ 2.09 盎司）之间；直径的尺寸应在 6.541 ~ 6.85 厘米（2.575 ~ 2.70 英寸）之间；弹性为 135 ~ 147 厘米（53 ~ 58 英寸）；向内变形以 0.559 ~ 0.737 厘米（0.220 ~ 0.290 英寸）为宜；反弹变形以 0.800 ~ 1.080 厘米（0.315 ~ 0.425 英寸）为宜。中速球可以是有压球或无压球。在海拔高度 1219 米（4000 英尺）以及以上的地方比赛时，无压球有内压且内压不得超过 1 磅/平方英寸（7 千帕），并且还可以在规定的比赛海拔高度或高于该海拔高度存放 60 天。

（3）慢速球。慢速球的重量一般在 56.0 ~ 59.4 克（1.975 ~ 2.09 盎司）之间；直径的尺寸应在 6.985 ~ 7.303 厘米（2.570 ~ 2.875 英寸）之间；弹性为 135 ~ 147 厘米（53 ~ 58 英寸）；向内变形以 0.559 ~ 0.737 厘米（0.220 ~ 0.290 英寸）为宜；反弹变形以 0.800 ~ 1.080 厘米（0.315 ~ 0.425 英寸）为宜。慢速球也可用于海拔高度 1219 米以上的任何球速的场地。

（4）高海拔用球。高海拔用球的重量一般在 56.0 ~ 59.4 克（1.975 ~ 2.0 盎司）之间；直径的尺寸应在 6.541 ~ 6.858 厘米（2.575 ~ 2.700 英寸）之间；弹性为 122 ~ 135 厘米（48 ~ 53 英寸）；向内变形以 0.559 ~ 0.737 厘米（0.220 ~ 0.290 英寸）为宜；反弹变形以 0.800 ~ 1.080 厘米（0.315 ~ 0.425 英寸）为宜。高海拔用球是有压球，只用在海拔高度 1219 米以上的比赛中。

（三）球拍规范

对于球拍的选择，应考虑以下几部分内容。

（1）拍面。球拍的击球面必须是平的。拍面主要是由弦线上下交替编织而成，必须确认弦线与拍框的连接完整与平均。拍面越大，击球稳定性越好，但挥拍时阻力较大，缺乏速度，灵活性较差，适合初学者为了接到球使用。而更多的比赛选手比较喜欢选用中小拍面，因为这种球拍能使击球的力量集中，能打出速度很快的球。所以，在选择球拍时要根据自身情况和具体需要来选择合适的拍面。

（2）拍柄。拍柄有粗细之分，细的拍柄不宜抓紧，不利于拍面的控制；粗的拍柄易产生疲劳，灵敏度不高，对于小球或截击球的处理效果不理想。一般以自己手掌握拍的舒适度来选择拍柄的粗细。

（3）长度。拍框和拍柄的总长不得超过 81.28 厘米，总宽不得超过 31.75 厘米；拍框内沿总长不得超过 39.37 厘米，总宽不得超过 29.21 厘米。

（4）弦线。弦线不应有附属物或突起物。如有附属物，只限用以限制或防止弦线的磨损、振动或分散重力，其大小和布置均应合理。

（四） 永久固定物规范

网球场上的永久固定物，一方面是指所有场地周围和上方的固定物，如网柱、挡网、看台及座椅等；另一方面是指处于各自规定位置的工作人员，如裁判、司线员和球童等。

二、网球竞赛规则

在网球竞赛中，主要的竞赛规则如下。

（1）场地和发球的选择。一般是由裁判通过掷币的方式决定球员对场地和发球权选择的顺序。

（2）发球员和接发球员。发球员是指在开始比赛时发出第一分球的运动员，接发球员是指准备回击发球员所发出球的运动员。

（3）发球。发球员必须在规定区域内用手将球抛起，并在球触地前用球拍将球击出。

（4）脚误。在发球过程中，发球员双脚不能触及底线或场地内的地面，不能触及边线假定延长线外的地面，不能触及中心标志的假定延长线，不能以走动或跑动的形式来改变位置，否则视为脚误。但轻微的脚步移动是允许的。

（5）发球次序。发球次序的变化一般是在球员打完一个常规局后进行的，即该局的发球员和接发球员在下一局中应该进行互换。

（6）重发。如果发出的球触到了球网、中心带或网带后落在有效发球区内时，应视为发球无效，进行重发；如果在球触到了球网、中心带或网带后落地前触到了接发球员或其身上的物品时，应视为发球无效，并进行重发。另外，在重发球时，不计算上一次的发球，但上一次发球中的失误不能取消。

（7）活球期。一般在发球开始后直到该分结束的期间，都是活球期，发球失误或重发的情况除外。

（8）球触永久固定物。在活球期中，如果球在有效场地内弹起后触到了永久固定物，则击出该球的运动员赢得该分；而若是在落地前触到了永久固定物，则击出该球的运动员失分。

（9）压线球。在网球运动中，球落地时接触到线，视为压线球，不算出界。

（10）一局中的计分。一局中的计分主要包括常规局中的计分、平局决胜局的计分两种情况，具体如下。

①常规局中。没有得分计为 0 分，每胜一球得一分，胜第一分计分 15，胜第二分计分 30，胜第三分计分 40，先得 4 分胜一局。若两名运动员/队都各得 3 分，则为"平分"。在"平分"的情况下，一方获得下一分，为"占先"。如果"占先"的情况下，此方又获得了下一分，则此方胜一局；如果"占先"后是另一方获得了一分，则比分仍为"平分"。在"平分"的情况下，只有一方连续获得两分才能赢得这一局。业余比赛除外。

②平局决胜局中。在平局决胜局中，使用 0、1、2、3 分等来计分。首先赢得 7 分并净胜对手两分的运动员/队赢得这一局及这一盘。

（11）一盘中的计分。在一盘中的计分方法主要包括"长盘制"和"平局决胜局制"两种，具体如下。

①长盘制。即先赢得 6 局并净胜对手两局的一方赢得这一盘，若没有净胜两局，则该盘持续，直到净胜两局情况的出现。

②平局决胜局制。即先赢得 6 局并净胜对手两局的一方赢得这一盘，若局数比分达到 6-6 时，需进行"平局决胜局制"。

（12）一场比赛的计分。一场比赛的计分方式主要包括三盘两胜制和五盘三胜制。

（13）运动员失分。连续两次发球失误视为失分；在活球状态下，运动员在球连续两次触地前不能将球回击过网视为失分；在活球状态下，运动员回击的球在落地前，触到有效击球区外的地面、永久固定物或其他物体视为失分；接球员在球没有落地前回击发球员发出的球视为失分；运动员故意用他的球拍托带或接住处于活球状态中的球，或故意用球拍触球超过一次视为失分；在活球状态下的任何时候，运动员或他的球拍（无论球拍是否在他手中）或他穿戴的任何物品，触到永久固定物或对手场地的地面视为失分；运动员在球过网前击球视为失分；在活球状态下，球触及运动员的身体或他穿戴的任何物品（球拍除外）视为失分；在活球状态下，球触到了运动员的球拍，但球拍不在他的手中视为失分；在活球状态下，运动员故意并实质性地改变了球拍的形状视为失分；双打比赛中，在一次回击球时，同队的两名运动员都触到了球视为失分。

当然，网球竞赛还有很多其他具体的规则，如有效回击、重赛、交换场地等，限于本书篇幅，此处不再一一赘述。

另外，运动员在比赛中除了必须遵守竞赛规则进行比赛外，还要有符合这项运动规定的行为举止。运动员和相关人员违背了网球运动精神的行为或损害了网球运动的声誉，将会受到处罚。比赛中运动员违背行为准则的主要内容有：污言秽语、举止下流、出语伤人、人身侵犯、乱击球、乱摔球拍或装备、不接受指导、不尽力比赛、擅自离开场地等不良体育道德行为。

第二节 网球运动竞赛组织

本节主要就网球竞赛中的组织机构、各机构职责、竞赛规程及竞赛规程的内容四个方面进行具体阐述。

一、网球竞赛中的组织机构

在正规的如锦标赛、冠军赛、联赛、杯赛、全运会等网球赛事中，网球竞赛的组织机构主要包括组织委员会、办公室、竞赛部、后勤和保卫部、宣传部以及仲裁委员会等，其中组织委员会是其他办事机构的主要上级部门，如图7-2-1所示。

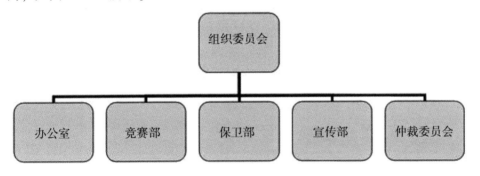

图7-2-1 常规网球竞赛的组织机构

二、网球竞赛中各机构的职责

网球竞赛中各机构的主要职责，具体阐述如下。

（1）办公室。办公室的主要职责包括以下内容。

①制定大会文件。

②制定竞赛规程。

③制定赛会通知。

④制定补充通知。

⑤负责召开有关会议，下达任务。

⑥协助竞赛委员会工作。

⑦接受运动员报名和资格审查。

（2）竞赛部。竞赛部的主要职责包括以下几方面内容。

①编排比赛日程。

②编印秩序册、成绩册和成绩公告。

③安排各参赛队赛前的场地适应训练。

④印制竞赛用的各种表格。

⑤检查场地和器材。

⑥在教练员、领队联席会上通报比赛中有关执行规则的要求。

⑦协助裁判长组织裁判员学习。

⑧比赛期间及时登记和公布当天的成绩。

⑨特殊情况下的协助工作。

（3）后勤和保卫部。后勤和保卫部主要负责场地的管理和维护，并且负责大会的接待及人员的衣食住行和医务等工作。另外，还要负责驻地的安全，维持秩序等。

（4）宣传部。宣传部主要是协助竞赛委员会筹备和召开新闻发布会，组织宣传和报道以及对体育道德风尚奖的组织评定等工作。

（5）仲裁委员会。其主要职责是处理比赛中发生的事端和纠纷，协助竞赛委员会审查报名和队员的资格，审查比赛期间执行规则的情况以及及时处理相关的申诉、投诉等，一般由 3～5 人组成。

三、网球竞赛规程的制定

一般情况下，网球竞赛中的竞赛规程主要包括以下三个部分。

（1）比赛前的准备工作。比赛开始前竞赛委员会要及时召开会议，认真检查各部门准备工作的进展，责成有关部门迅速解决工作中存在的问题，并向有关办事机构通报情况，完善各项准备工作，使比赛按计划顺利进行。另外，要着重检查会场及赛场准备工作、竞赛秩序编制工作、裁判员组织及培训工作、对外宣传工作、入场式和闭幕式的准备工作等，并且还要对运动员的食、宿、交通和安全进行全面的检查和安排。

（2）竞赛中的工作。竞赛中的工作主要包括以下几个方面。

①竞赛处。竞赛处要对当天的比赛成绩进行及时登记和公布；对场地器材与设施进行检查；遇到特殊情况时的赛事安排通知等。

②办公室。办公室的工作包括听取各队意见，改进工作；保证运动员、裁判员和工作人员的伙食、洗浴及休息等。

③医疗卫生保障。医疗卫生保障方面的工作主要包括筹备处理伤病事故的应急准备工作和监督食品卫生的安全工作。

④裁判组。裁判组的工作包括对裁判员进行合理安排；及时组织裁判员小结，改进工作等。

⑤保卫处。保卫处应随时注意驻地及比赛场地的治安情况；在大会接近结束时，加强治安管理。

⑥宣传处。宣传处主要负责组织宣传报道和组织评定体育道德风尚奖。

⑦仲裁委员会。仲裁委员会负责复审比赛期间规则的执行情况；对竞赛规程中发生的纠纷进行处理；及时处理受理的申诉、控告等。

（3）竞赛结束工作。竞赛结束工作主要包括以下内容。

①及时核查比赛成绩、排出名次，由裁判长宣布。

②召开竞赛委员会会议，通报工作状况，并听取各方意见。

③评定体育道德风尚奖。

④组织闭幕式和颁奖仪式。

⑤印发成绩册。

⑥安排和办理各队及裁判员离会等。

四、网球竞赛中竞赛规程的内容

竞赛规程一般是由主办单位会同有关方面共同讨论修订后报领导审批得到的终稿。竞赛规程是依据竞赛的计划、目的任务及客观条件而制定的全面性、公平性、可行性的政策和规定，是组织者、管理者和参与者的指导性文件，也是促进组织者和参与者公平参与竞赛的法规性文件。竞赛规程的主要包括以下内容。

（1）竞赛目的、任务。根据组织竞赛的主导思想、预想目标，阐明举办竞赛要达到的最终目的和任务。

（2）竞赛名称。竞赛名称根据竞赛的目标、性质和内容确定，单项比赛有时加入赞助冠名。

（3）主办单位、承办单位、协办单位及赞助单位。在这部分内容中，主要是要简明地列出各单位的名称。

（4）竞赛时间和地点。标明比赛开始和比赛结束的具体时间（包括年、月、日及具体时间）和地点。如果有特殊情况，要另加注明。

（5）竞赛项目和组别。明确指出竞赛项目及分组情况，同时注明所设立项目及分组的要求等。其中要明确相应项目所需的器材。

（6）参赛单位。明确各组别参加比赛的单位类型，如"中专组、技工组、高校组、职工组、非奥运项目组"等。

（7）参赛办法。依据年龄、学历和专业非专业等标准，进行合理分组；明确运动员参加比赛的组别情况；明确单项竞赛参赛队伍及个人参加组别情况；集体项目参赛队伍参赛名称要求；规定各代表队领队、教练员、工作人员等参赛人数。

（8）参赛资格。确定参赛运动员身体状况和组别问题；明确参加比赛的参赛者的学历及其他相关条件；明确参赛者的报名时间、次数和报名要求；规定参赛队伍的相关设备的规格等要求（如队旗、队服等）。

（9）竞赛办法。按照竞赛规则执行竞赛办法；根据竞赛的不同性质可对竞赛规则在此内容中进行修改；根据不同项目和实际情况制定竞赛采用的竞赛制度；明确竞赛的计分和名次的录取方法。

（10）名次与奖励。个人项目的名次及奖牌、奖励；团体项目的名次及奖牌、奖励；参赛队伍整体的总成绩奖杯、奖状；体育道德高尚团队的奖励。

（11）裁判员队伍。明确裁判员人数、报到时间及培训时间。

（12）其他。对相关竞赛的安全、食宿、经费等未说明事宜进行说明，并规定解释权归属单位。

竞赛规程可能会因为赛事级别不同而有所增减，如有特殊说明也可加以局部改动，视具体情况而定。在制定规程时，必须精心设计规程的各项内容，全面考虑运动员的竞赛负荷、特殊天气、比赛期间的节假日等因素。

五、网球竞赛的编排

网球竞赛的编排确定了参赛各队比赛的方法，能有效保证竞赛紧张而有序地进行。网球竞赛中经常采用的竞赛制度有淘汰赛制、循环赛制，具体如下。

（一）淘汰赛制

淘汰赛制是网球比赛中的常用方法，具体是指比赛中失败一次或两次就失去继续比赛的资格，获胜者继续比赛，直到最后确定优胜者为止的比赛方法。一般在参加比赛队（人）数较多而比赛时间短的情况下采用，这种方法可以节省时间，其类型可以分为单淘汰赛和双淘汰赛两种。

1. 单淘汰赛比赛轮数和场数

单淘汰赛比赛轮数和场数的计算方法，详细如下。

（1）比赛轮数。以 n 表示轮数，计算方法是：参赛人（队）数 = 2^n，如表 7-2-1 所示。

表 7-2-1 比赛轮次表

轮数（n）	1	2	3	4	5	6	7
位置数	2	4	8	16	32	64	128

（2）比赛场数。计算方法是以参赛人（队）数 -1 来计算。

另外，要注意种子和轮空的编排。在网球竞赛中，种子和轮空的编排是十分常见的，其典型示例如图 7-2-2 所示。

图 7-2-2 32 签位轮空示意图

2. 淘汰附加赛

淘汰附加赛通常是为了排出前八名的名次，如图 7-2-3 所示。

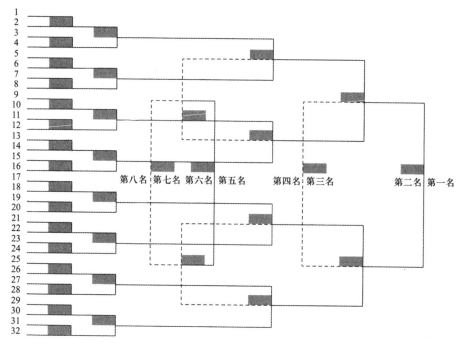

图 7-2-3　32 签位淘汰附加赛签位图

（二）循环赛制

循环赛制主要包括单循环、双循环和分组循环三种类型，详述如下。

1. 单循环赛

单循环赛制是各参赛队（人）在整个竞赛中，与其他参赛队（人）各赛一次。

（1）比赛的轮数和场数的计算。比赛场数的计算公式为：比赛场数 = $\dfrac{n(n-1)}{2}$（n 为参赛队数或人数）。单循环轮数的计算公式为：n 为偶数时，轮数 = $n-1$；n 为奇数时，轮数 = n。

（2）单循环比赛顺序的编排方法。通常采用轮转编排法来确定单循环的比赛顺序。这种方法不论参加队（人）数是双数或单数，一律按双数来编排。若出现参加队（人）数为单数时，编排方法也与双数一样，只是在编排时，增加一个"0"号，与之相遇的队（人）就是轮空队（人）。具体编排过程此处不再详细介绍。

2. 分组循环赛

在参加队（人）数较多的情况下可采用分组循环赛，通常分成 2 的 n

次方个组，分组循环后，增加第二阶段的比赛决出全部名次。

（三）混合制

混合制比赛制度是同时采用循环制和淘汰制来进行比赛的方法，一般较为常用的是先循环后淘汰的混合制。混合制综合了循环与淘汰的优点，有利于参赛队的相互学习和交流，激励运动员的比赛热情，最大限度地减少比赛胜负的偶然性，因而使比赛名次的产生较为合理、客观。

第三节　网球裁判的工作职责

在国际网球运动中，网球裁判的工作职责主要可分为裁判长的工作职责、裁判组长的工作职责、主裁判的工作职责以及司线裁判员的工作职责四部分内容。下面，我们就对这四个部分的具体内容展开论述。

一、裁判长工作职责

国际网联的监督和裁判长的主要工作职责包括以下几个方面。

（1）作为现场终审仲裁人员，有权对竞赛规则、行为准则等问题进行解释和处理。

（2）负责裁判员的培训，并使其尽快熟悉赛事的所有规则和程序。

（3）对裁判组长一职进行人员选派。

（4）对主裁判和司线员的安排进行确认。

（5）在有必要时，对主裁、司线、司网裁判等进行撤换。

（6）确保所有场地、球网、网柱和单打支柱符合规定。每个球场必须有主裁判座椅、司线员座椅、司网裁判座椅、运动员座椅、场上服务、测量工具（赛会应提供测量尺、卷尺或其他测量工具用于测量球网的高度和单打支柱的位置）、秒表、计分表等。

（7）保证赛场周围的挡网、广告牌和后面墙壁的颜色不会干扰运动员的视线。

（8）对比赛相关条件的通知工作。

（9）安排正式公告板的位置，并做好每日赛程安排的公告公示工作。

（10）在固定位置放置一个明显的时钟作为赛事的官方时钟，并告知运动员其名称和位置，除非另行通知，不可使用腕表、手表或怀表。

（11）与竞委会商讨最终入围名单、种子选手的排名表以及其他抽签需要的有关资料。

（12）预选赛和正选赛抽签工作的安排。

（13）所有签到文件的张贴及公告，包括资格赛、正赛、等待选手等，并合理地进行公告和通知。

（14）每日比赛的具体安排工作。

（15）比赛场地的相关选定、检查工作。

（16）运动员上场比赛的通知工作。

（17）特殊情况下，比赛场地的更换工作。

（18）特殊情况下，比赛暂停的相关安排。

（19）对违反行为准则的事实给予适当的处罚。

（20）运动员进场和退场的相关安排护送工作。

（21）比赛期间，对运动员异议和投诉的处理。

（22）赛后向赛会主办单位写出书面总结；给每位参加裁判工作的人员写出书面鉴定，并将此鉴定同总结一并上交主办单位。

二、裁判组长工作职责

裁判组长的主要工作职责包括以下几个方面。

（1）合格裁判员的招募工作。

（2）对裁判员的赛前培训工作。

（3）制作关于裁判员通讯地址和级别的名单，并交给监督或裁判长。

（4）对裁判员每日的场上工作任务进行编制，并得到监督或裁判长的审核和同意。

（5）赛前召开碰头会，介绍有关场次的安排和执法程序。

（6）对各裁判员的工作表现进行评估。

（7）比赛中应随时在场，但不能担任主裁或司线员，特殊情况除外。

（8）协助监督和裁判长的工作。

三、主裁判工作职责

主裁判的主要工作职责包括以下几个方面。

（1）充分熟悉网球规则的各个方面，包括相应的赛事规则和行为准则。需要依照国际网联工作程序进行执法。在比赛中严格做到严肃、认真、公正、公平。

（2）服装要与其他主裁判统一。

（3）找出球员姓名的正确发音。

（4）确保在球员之前到达场地。

（5）在赛前陈述与运动员相关的一些信息。

（6）在双方球员/团队热身比赛的开始之前，通过抛硬币的方式确定发球/接发球和场地的选择权。

（7）确定每个球员依照赛事规定着装。更正服装时间超过 15 分钟的，可能被取消比赛资格。适当的重新热身是被允许的。

（8）开赛前，对运动员的入、出场是否安排了护送人员进行确认，主裁应在运动员入场之前到场。

（9）比赛期间运用秒表计时，包括 5 分钟的热身时间，每分之间的 20 秒间隔时间，90 秒交换场地时间，120 秒盘间休息时间。也可用于任何规则或规程有关条款中列出的具体时间的计时。

（10）保证比赛期间有足够的比赛用球，包括用于更换的备用球。罐装新球应该在开赛前和换球前打开。

（11）对比赛中的所有事实问题做出决定，包括在没有司线员情况下对界内外球做出判断。

（12）确保场上所有运动员和裁判员遵守比赛规则。

（13）移除、调整或更换司线员和司网裁判，主裁判的决定有利于比赛的正常进行。

（14）作为在比赛期间关于裁判法问题的第一判罚者，运动员有权向其提出申诉。

（15）在每一分结束之后宣报比分。

（16）比赛中按照国际网联工作程序要求填写国际网联记分表。所有裁判员在国际网联职业巡回赛中必须完全熟悉手持记分设备并正确使用它们。

（17）当司线员明显误判时，主裁判可以进行改判，改判必须快速。所有改判必须按照批准的 ITF 程序进行。司线员没有呼报的明显脚误，可以由主裁判来呼报（包括比赛期间比较明显的错误）。

（18）场上任何球印的检查。除了红土场上须检查球印，其他球场不需要检查球印。

（19）尽力维持赛场秩序。如果观众干扰了比赛的进行，主裁判应当礼貌地与他们对话并要求他们配合。

（20）负责在比赛中指引球童的协助工作，防止对运动员产生干扰。

（21）负责换球以及决定某个球是否适合用于比赛。保证比赛中用球数量正确。丢失的球应当以实际可行的速度尽快更换。如果在热身时或更换新球后两局内（第三局的第一分开始前）球丢失，应当用新球替换，否则应当用磨损程度相似的球替换。在每次需更换新球时，应当提前开启足够数量的球筒，并对球进行充分的检查，以避免对比赛造成延误。

（22）决定球场是否仍然适合比赛。如遇特殊天气或状况需要暂停比赛时，主裁判应该暂停比赛并向裁判长报告。比赛暂停后到决定延期前，主裁判应准备随时恢复比赛，并确保场上其他裁判员也做好了准备。如果是因为光线太暗而暂停比赛，应当在一盘比赛结束之后或一盘中正在进行的双数局结束之后进行。

（23）比赛结束后向赛事监督和裁判长提交有关比赛期间所执行行为准则的完整报告。

四、司线员工作职责

司线员的主要工作职责包括以下几个方面。

（1）遵照国际网联批准的程序履行其职责。详细内容请参阅《国际网联司线员指南》。

（2）按照国际网联赛事监督或裁判长的规定统一着装。为了不会对运动员视线形成干扰，司线员的服装颜色不能出现白色、黄色和其他浅色。

（3）赛前准时到场。

（4）选择最佳位置观察其负责的界线。

（5）只呼报自己所负责的界线，不对其他界线的判罚发表意见。

（6）底线、边线和发球中线的司线员负责判罚脚误。

（7）当无法做出判罚时，及时做出未看见的手势。

（8）司线员呼报要及时准确，并对错误的判罚及时更正。

（9）直到球落地时再呼报"Out/Fault"。

（10）先呼报后做手势，做手势时，要及时、准确、大方。

（11）当主裁判改判时保持沉默。如果运动员有问题，请他与主裁判沟通。

（12）如果发现主裁判没有注意到的违反行为准则的行为，应立即向主裁判报告。

（13）如果运动员使用上厕所或更换服装间歇，陪他/她一起去，确保这个间歇不用于其他目的。如果运动员违反了程序，告诉运动员他/她的行为违反了规则，并向主裁判报告。

（14）不得为运动员捡球或拿毛巾。

（15）不得与观众交谈。

（16）不为运动员鼓掌。

（17）未经主裁判允许不得离场。

第四节　网球竞赛裁判方法

在网球竞赛中，运动赛事的裁判方法主要包括裁判宣报、裁判呼报和计分等内容。

一、宣报

主裁判应该用英语或本地语言进行宣报。在所有的团体比赛中，应当使用国名或队名进行宣报，具体如下。

（一）　热身时间的宣报

对于网球赛事中的热身时间的宣报，主要包括以下几个步骤。

（1）"3分钟"——距热身结束还有3分钟。

（2）"2分钟"——距热身结束还有2分钟。

（3）"1分钟"——距热身结束还有1分钟。

（4）"时间到，准备比赛"——热身结束，示意球传到发球员一方。

（5）"X发球，比赛开始"——发球员准备发球。

（二）　运动员介绍

对于网球赛事中运动员介绍的宣报，主要有以下两种情况。

（1）如果是由主裁判介绍运动员，则在宣布"1分钟"后，进行当前比赛的轮次（场次）、比赛采用的赛制、运动员站位及姓名、挑边权（发球权等）归属等内容。

（2）如果是由另外一位播音员介绍运动员，则需在运动员热身时宣布。

（三）　控制观众

应该对观众持尊重的态度，使用英语或最好使用本地语言，请求观众的配合："请安静，谢谢""请坐下，谢谢"

（四）　报分

对于网球赛事中运动员分数的宣报方法，主要内容如下：

（1）除平局（平盘）决胜局之外，始终首先宣报发球方的分数。

（2）报分方法：X-X，平分（不报40-40），占先，局结束。

（3）如果使用无占先计分法，在平分后宣报："决胜分，接球方选择"。

（4）应该在一分比赛结束后大声而清晰地宣报比分。比分的宣报应当及时，之后才在记分表上书写比分，特殊情况除外。

（5）在一局或一盘结束后，主裁判应当参照类似于"X 胜本局，他/她或 X 以 4 比 2 领先，第一盘""X 胜本局和第三盘，局分 7 比 5，盘分 2：1，X 领先"这样的例子宣报局分。如果有观众能看见的计分牌，则不需要报盘分。每盘开始时主裁判可以宣布："第二盘，X 发球。"

（6）当一盘比赛需要进行平局决胜局时，宣报："X 胜本局，局数 6：6，抢七"在平盘决胜局开始前，宣报："女士们先生们，现在将进行十分制平盘决胜局决定本场比赛的胜负。"

（7）在平局决胜局中，先宣报比分，然后报领先者的名字。平局决胜局中使用"Zero"，而不用"Love"。平局决胜局结束时，宣布："X 胜本局/本盘，7 比 6。"

（8）在比赛结束时，宣布获胜者："全场比赛结束，X 胜（盘分 3 比2），X-X，X-X，X-X，X-X，X-X。"每盘中，将本场比赛获胜者的分数放在前面进行宣报。

（五）行为准则

对于网球赛事中运动员违反行为准则的宣报，主要内容如下。

（1）违反行为准则时根据罚分表进行的处罚应按类似于"违反行为准则，延误比赛，警告，X 先生/女士""违反行为准则，乱摔球拍，罚分，X先生/女士""违反行为准则，言语攻击，罚一局，X 先生/女士"等例子进行宣报。

（2）违反观众过分倾向规则的处罚（团体赛）应按类似于"违反行为准则，观众过分倾向，警告，（国家）""违反行为准则，观众过分倾向，罚分，（国家）"等例子进行宣报。

（3）队长的行为违反了规程的处罚（团体赛）应按类似于"不良体育道德行为，队长，第一次警告，（国家）""不良体育道德行为，队长，第二次警告，（国家）""不良体育道德行为，队长，驱逐出场，（国家）"等例子进行宣报。

（4）不属于违反行为准则中无理延误比赛条款的违反时间准则的情况，应当按照以下例子宣报："违反时间准则，警告，X 先生/女士。"如果仍有拖延，则应按照类似于"违反时间准则，失去发球机会，X 先生/女士，第二发球或报分"或"违反时间准则，罚分，X 先生/女士"等例子进行宣报。

（5）当罚分或罚局后，需宣报新的比分。

（6）当主裁判请赛事监督或裁判长进场决定某个违反行为准则的行为是否导致取消某个运动员比赛资格的处罚时，应该通知运动员，必要时通知观众："我要求赛事监督/裁判长进场讨论这一违反行为准则的行为。"

如果赛事监督/裁判长决定取消运动员的比赛资格，应当按照以下例子宣报："违反行为准则，身体攻击，取消比赛资格，X先生/女士。"

（7）运动员不能要求主裁判撤销给予其对手的违反时间准则或违反行为准则的处罚。

（8）违反时间准则和违反行为准则的处罚应当用英语宣报（可以选择性地加上当地语言）。

二、呼报

在网球竞赛中，场上裁判员的口头呼报应当声音洪亮、清晰，主要呼报的内容包括以下几部分。

（1）Fault。如果一发或二发落在发球区以外呼报"Fault"。二发出界后，不能呼报"Double fault（双误）"。

（2）Through。如果球从球网中穿过，呼报"Through"。

（3）Out。如果回球落在正确场地以外的地面、永久固定物或其他物体上，呼报"Out"。

（4）Foot Fault。发球方球员发球时，在球拍触到球之前，因为脚踩入球场或跨过中心标的假想延伸线而导致该次发球失误，呼报"Foot fault"。

（5）Net。如果发球击中球网的顶部并越过球网，呼报"Net"。

（6）Let。如果主裁认为赛中的某一分需要重赛，或者一个发球需要重发，呼报"Let"。

（7）Not Up。如果运动员在球落地两次之前未能将球击回，呼报"Not up"。

（8）Foul Shot或Touch。如果球被故意击打两次，或者在越过球网之前被击中，或者运动员在活球期触网，或者一个活球触碰到了运动员，或者运动员穿戴或携带的物品掉进对手的场区，呼报"Foul shot"或"Touch"。

（9）Hindrance。如果运动员故意或无意地做出干扰对手击球的行为，呼报"Hindrance"。

（10）Wait，Please。如果出现干扰或中断，有必要推迟开始一分或二发，呼报"Wait，please"。

（11）改判/更正。宣报"Correction，the ball was good"以改判一个明显错误的"Out"的呼报。宣报"Out"或"Fault"以改判一个明显错误的好球手势。

三、计分

在网球竞赛中,场上裁判员的计分主要包括以下几部分内容。

(1) 计分表。计分表要填写清楚,计分要做到及时、准确,标准的网球竞赛积分表见表 7-4-1。

表 7-4-1 网球竞赛计分表

局数	运动员姓名	第 盘			本盘决胜局	局数总计
		开始时间		结束时间		
		比分				
1						
2						
3						
4						
5						
本盘获胜方:						
局数比:						

(2) 在主裁判的主持下进行场地和发球权的分配,并将发球的运动员姓名的首写字母填写在第一局空格中。第二局空格填写对方运动员姓名的首写字母,方位与第一局相同。

(3) 根据第一局运动员所在的方位,在"局数总计"一格中填入双方运动员的姓名的首写字母或单位。

(4) 填写本盘开始比赛的时间。

(5) 比分记在"比分"的下面方格内。上半部为发球方的得分,下半部为接球方的得分。

（6）用"－"或"△"等符号在规定的换球局附近进行标记。

（7）若比分出现6-6的情况，则需要进行决胜局的比赛，一般采用抢7制，先得7分者获得该盘胜利。另外，在抢7局内，若比分为5-5，只有再净胜2分者才能获胜，如7-5。在决胜局一格中填写双方运动员姓名的首写字母或单位，决胜局的计分要用数字表示（如0、1、2、3、4、…）。

（8）每盘结束后，应立即在计分表中记录结束的时间和局数比。也可在下一盘第1局后交换场地的间隙内填写。

（9）以后每盘的计分方法同上。比赛结束应将获胜方及盘数比填写，如2-0。决胜局比分应填入括号内，如7-6。

最后主裁判签字核对比分后送交裁判长。

第八章　网球运动基础设施及其管理

　　良好的基础设施是网球运动得以正常开展的前提，网球运动的基础设施主要包括网球设备和场地设施，本章就来讨论这些设备或设施的管理、保养和维护。

第一节　网球设备及其管理

　　网球运动中的设备主要包括网球、网球拍、球网等，对于它们的管理和维护主要包括以下几部分内容。

一、网球及其管理

　　在网球运动中，网球是使用毛绒包缝而成的橡皮球，外表毛质均匀，接缝处没有线缝。网球按照规格一般可分为比赛用球、训练用球（弹性差些，但十分耐用）和普通球（弹性差且不耐用，但价格低廉）三种类型。

　　对于初学者进行球感培养的训练来说，比较软、弹性稍弱些的训练用球是比较合适的。有一定基础的练习者应选择标准球（比赛用球），或优质的普通球，以培养良好的球感。常用的练习球一般为绿色，比赛用球一般为黄色。传统的标准网球直径为 2.63 英寸，如图 8-1-1 所示。

图 8-1-1　标准网球

在网球运动中，按照网球的功能可分为快速球（主要用于红土场地，大小与中速球一样，由坚硬的橡胶制成）、中速球（现用网球）与慢速球（适用于硬地、草地球场，比现用网球的直径大6%）三种，其重量是相同的。

对于网球的保养，主要有以下几部分内容。

（1）防潮防晒。一般网球都怕水，怕暴晒，不打的时候尽量放在干燥阴凉的地方，尽量降低气压的损耗。

（2）不可水洗。网球是不可以水洗的，否则容易掉毛，使球速和弹性减弱。若有必要，可干洗。

其实网球经过几次使用后，弹性就会下降，本身寿命不是很长，所以用过几次后就可以考虑换个新的网球。

二、球拍及其管理

一般情况下，球拍的主要组成部分，如图8-1-2所示。

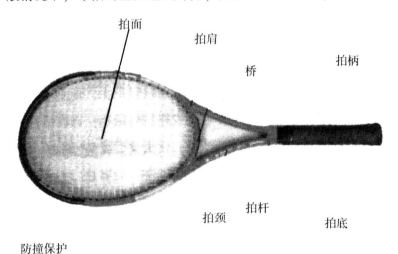

图8-1-2　网球拍

网球拍是网球员最重要的网球装备，在选择网球拍之前，网球员需要对网球拍的材料有所了解。现在市面上的球拍大多是由超刚性碳纤维、纳米材料等制成，这是因为这些新材料的强度较高，能使球拍更轻、更耐用、更有弹性。

因为球拍拍柄的粗细对球员的发挥有很大的影响，所以对于拍柄的选择，一般要和球员的手的大小相匹配，大约等于本人的中指指尖到手掌第二掌线的长度，如图 8-1-3 所示。

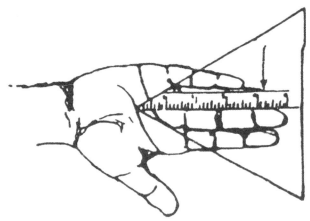

图 8-1-3　合适的拍柄长度

（一）拍框

在早先的网球运动中，运动员使用的球拍厚度都在 22 毫米左右，后来由于厚拍的流行，其厚度高涨到了 34 毫米左右。拍子做厚，重量会增加，硬度也会增加。而随着科技的发展和创新，球拍得到了进一步的改良，在保证其硬度增加的同时，极大程度地减轻了它的重量。现在的厚拍已经从早先的 350 克左右锐减到目前的 260 克左右。

（二）球拍的重量

网球拍的重量是随选手的球技与能力的改变而改变的。一般网球拍上都会有重量标志，如表 8-1-1 所示。

表 8-1-1　网球拍重量表

型号	重量标志	实际重量	
		盎司	克
轻型	L	11 ～ 13	369
中轻型	LM	13 ～ 13.5	369 ～ 383
中型	M	13.5 ～ 14	383 ～ 397
重型	T	14 ～ 15	397

初学者应该选择拍头较大、拍头平圆的流线型网球拍，一方面便于建立球感，另一方面还可减少回球的失误率。在球技和力量提高到一定程度

时，可更换拍身重量适中的拍面面积中等，拍头呈几何图形的中间型球拍。而较多的职业选手通常是使用拍头沉重、拍身坚硬的标准型球拍。

（三）拍面大小

按照网球拍拍面的面积规格的不同，网球拍主要可分为以下几种类型。

（1）中拍面球拍。中拍面球拍的特点是拍框小，甜区小、高磅上弦，适合出球准确、力量集中的职业选手使用。

（2）中大拍面球拍。中大拍面球拍的特点是拍框中度，甜区中度，适合力量适中、全面型的选手使用。

（3）大拍面球拍。大拍面球拍的特点是拍框大、甜区中等、触球范围大，适合初学选手、青年选手、老年选手使用。

（4）其他类型的球拍。其他类型的球拍的特点是拍框多样，甜区中度，适合有一定训练水平的选手使用。

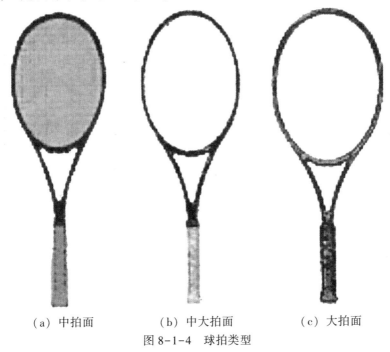

（a）中拍面　　　　（b）中大拍面　　　　（c）大拍面

图 8-1-4　球拍类型

拍面越小则甜点区越小，力量越集中，因此球速越快，也越灵活。这也是男子职业选手几乎不用大拍面球拍的主要原因。大部分追求力量和速度的职业球员所采用的球拍通常为中小拍面球拍。

（四）挥拍重量

挥拍重量也称挥重，是球拍在挥动时的感觉重量。影响挥拍重量的主要因素包括球拍的长度与重量。此外，平衡点的掌握也是需要考虑的。平衡点是指球拍的重心是偏向拍头，还是偏向握把或在中央。对于挥拍重量的测量，通常是使用 RDC（Racquet Diagnostic Center）测量仪进行，其数值的大小与挥拍重量成正比。

（五）网球线

一般情况下，网球线的类别主要包括软线（一般的仿肠线、尼龙线、合成线等）、硬线（主要是单芯聚酯线）以及天然肠线（主要用牛的肠衣做出的线）三种。其中，软线应用最广，是通过工艺来模仿天然肠线的手感，结构有单芯的（即只有一股），也有多股或夹丝的。概括地说，软线的结构较为复杂，手感较好，但耐打性较差；而硬线比较结实不易断，只是手感不太优秀，但此类线可以发挥运动员自身力量上的优势；天然肠线的手感最为优秀，但是不耐使用且价格较高，初学者需结合自身条件慎重考虑。

但不论网球线的材质如何，线的粗细的选择对球拍性能的优劣至关重要。在选用网球线时可以依据打法类型来选择。就一般而论，在同样的材料结构下，直径在 1.3 毫米以下的细球线的球感与击球性能较好，能够给球增加更多的旋转和控制，适合借力击球的网前选手。通常每条线的长度为 40 英尺，约 12.2 米。网球线的规格与直径对照表，详见表 8-1-2，其中半 gauge 用 L 来表示。

表 8-1-2　网球线的规格与直径对照表

规格（gauge）	直径/毫米
15	1.41～1.49
15L	1.34～1.40
16	1.26～1.33
16L	1.22～1.26
17	1.20～1.24
17L	1.16～1.20
18	1.10～1.16
19	1.00～1.10

另外，穿线磅数对球拍的性能也有较大的影响。线的磅数是一个物理量，用来衡量击球时拍线对球的作用力。拍线与穿线效果的对比，如表8-1-3所示。

表 8-1-3　拍线与穿线效果对比

分类 性能	球感 （控球）	弹性	球速	耐磨度	适合面	适合打法
粗弦	差	大	慢	好	大、中拍面	底线
细弦	好	小	快	差	小拍面	网前旋转
低磅（55～60）	差	大	慢	好	大、小拍面	底线
高磅（62以上）	好	小	快	差	小拍面	网前主动进攻

（六）球拍的保养

球拍是网球员的重要装备，在平时对球拍进行一定的保养，可有效延长球拍的使用寿命。对于保养球拍的常识，主要有以下几个部分。

（1）防潮防晒。在夏季，严禁把球拍放在汽车的后备箱里，强烈的高温和曝晒易使球拍的材质老化，影响球拍的性能，甚至会使球拍拍框扭曲、变形，导致使用者不能准确握拍。另外，潮湿的环境容易在球拍和弦线上诱发霉斑，锈蚀球拍。

（2）防止低温冷冻。较低的温度会对球拍的软硬度产生影响，让球拍的硬度加大，延伸度大幅下降，弹性降低，拍线变脆甚至断裂。

（3）切忌用球拍敲打硬物，不要摔拍、砸拍，不打沾湿的球。敲打坚硬的地面或硬物，容易造成材料物理性裂变，损害球拍。而网球沾水后质量变重，这时候打球，容易造成球拍变形。所以，坚决不能在雨天挥拍打球。如果在打球过程中遇到下雨的情况，应立即停止运动，收起装备；回去后，及时擦干球拍和拍弦，晾干后再装入拍套。

（4）尽量保证甜点击球。每次击球尽量保证甜点击球，切不可经常把球"暴打"在甜点外。否则，十分容易损伤拍框穿弦孔的护套。

（5）重视球拍配件的重要性。经常检查避震胶块和弦线保护扣，这有利于防止手肘受伤和弦线的过早断裂。拍框保护带可有效防止场地对拍框的磨损。

（6）使用正确的球拍穿线方法。球拍在穿弦线时，一定要使用正确的球拍穿线方法，确保布线合理，拍框受力均匀。

（7）球弦及时更换。若拍弦出现断开的情况，不能置之不理，应立即更换新的拍弦，防止拍框受力不均，使拍框的内部受到严重损伤。

三、球网及其管理

在网球运动中，球网一般是由高为 1.07 米（3 英尺 6 英寸）的两根网柱支撑，球网的中央高 0.914 米（3 英尺），如图 8-1-5 所示。在一个双打和单打兼用的网球场地，必须挂双打球网。

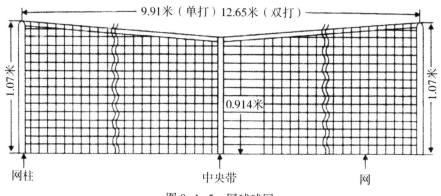

图 8-1-5　网球球网

对于球网的管理一般是场地运营者需要考虑的，主要是要避免长时间的高温曝晒，不用时要放在干燥阴凉的地方，注意防潮等。

在网球运动中，除了这些基础网球设备以外，球员还应结合自身需要和具体情况，配备专门的网球服、网球鞋、避震器（如图 8-1-6 所示）、吸汗带（如图 8-1-7 所示）以及网球袋等其他网球装备。限于本书篇幅，此处不再一一列举。

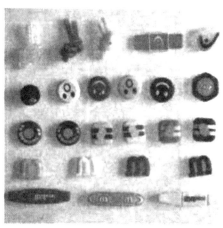

图 8-1-6　避震器

图 8-1-7　吸汗带

第二节　网球运动场地设施及其管理

一、网球场地的分类

由于场地类型的不同，其对网球的反弹程度也不同，如图 8-2-1 所示。在网球运动中，常见的场地主要包括草地网球场、软性网球场、硬地网球场、人造草地网球场和地毯网球场等类型，具体如下。

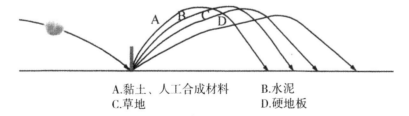

A.黏土、人工合成材料　　　　B.水泥
C.草地　　　　　　　　　　　D.硬地板

图 8-2-1　网球在不同类型场地上的反弹程度

（一）草地网球场

在所有网球场地类型中最具传统意味的一种场地，就是草地球场，如图 8-2-2 所示。草地球场拥有最悠久的历史，其地位无可替代。最负盛名的温布尔顿锦标赛所用的网球场地就是草地球场。草地球场对球员的反应、灵敏、速度和技巧等，有着非常高的要求。其中发球上网、随球上网等各种上网强攻战术十分适合在草地网球场上使用。但由于其受诸多条件的限制，很难推广到更多的国家，所以目前每年的寥寥几个草地职业网球赛事几乎都是在英伦三岛上举行，且时间集中在6、7月份。

图 8-2-2　草地网球场

（二）软性网球场

软性网球场中最有代表性的是法国公开赛中使用的红土网球球场，如图 8-2-3 所示。红土球场的特点是球落地时与地面有较大摩擦，会使球速减低，不利于力量型选手和上网型选手的发挥，其中桑普拉斯是一例典型。另外，红土场地对于快速型选手而言也有很大影响，因为红土场地太软，无论多么用力地挥拍，速度都会被红土地消化掉，这在一定程度上削弱了速度型选手的优势，不利于他们的发挥。相对地，上旋球在红土场地上能发挥最大的作用。典型代表就是纳达尔，其代表性的大力、独特的拉上旋的挥拍方式，使球在落地后经常能高高弹起，越过对手的头顶，从而让对手很难招架。纳达尔的 9 个法网冠军，81 场红土连胜，上旋的打法功不可没。

土地网球场的结构主要由一层经过压实的白灰土防潮底层、一层较厚的炉渣吸水层和一层不少于 20 厘米的、筛出石块与杂物的优质黏土层组成，在碾压平整之后，再铺上一层干净的细沙或红土。红土球场在修建时，取材方便，经济实惠，制作方法相对来讲比较简单，但是保养和维护却十分费力，主要包括以下几个方面。

（1）场地洒水。场地一般每 24 小时洒水一次来保持适当的湿度，水要撒得均匀、透彻，以不起尘、不改变球的重量为宜。另外，撒水时还要避免对场地形成直接冲击、破坏场地表面。

（2）场地平整。在场地使用前后或在洒水之前，需要用场地专用托子对场地进行平整，以便保持场地的平整度和舒适度。在场地的硬度和平整度出现问题时，应对场地进行修复和碾压。

（3）面沙的补充。场地面沙应保持在能够覆盖住场地面层红土为宜，如果不足就应及时补充，以起到保护场地及脚下移动舒适的目的；其次，还需要注意场地面沙的定期更换，一般以半年更换一次为宜。

另外，对于场地的维修工作，还需要专业的人员完成，否则会造成更大面积的破坏，造成场地难以修复影响正常使用。

图 8-2-3　红土网球场

（三）硬地网球场

作为最常见的一种场地，硬地网球场在现代大部分的比赛中得到了广泛的使用。一般主要是由水泥和沥青铺垫而成，其上涂有红、绿颜色的塑胶面层，如图 8-2-4 所示。硬地网球场拥有较为平整的表面、较高的硬度，球在落地后能非常有规律地进行弹跳并且反弹速度较快，这使得硬地网球场更具有"爆发力"。

现在用于正式比赛的主要是丙烯酸酯塑胶面层的场地，它不受地域、气候等因素的影响，并拥有较好的平整度以及较强的表面硬度，而且耐磨不易老化。另外，这种材料还是环保型的，无毒无害，其保养维护也十分方便，近年来已开始在世界各地普遍使用。但场地表面较硬，长时间在上面运动，易使球员疲劳或损伤。

图 8-2-4　硬地网球场

（四）人造草地网球场

　　人造草地是仿效天然草场而制造的，通常是以尼龙编织物作底层，其上栽植束状尼龙短纤维，并在纤维之间填充细沙来保持纤维的直立，如图8-2-5所示。这种场地作为全天候场地的一种，省略了许多诸如画线等维护上的麻烦，维护者只需经常梳平、整理并适时增添其间的细沙就能很轻松地完成维护工作。

图 8-2-5　人造草地网球场

（五）地毯网球场

　　地毯网球场是一种"便携式"可卷起的网球场，一般用专门的胶水粘接于具有一定强度和硬度的沥青、水泥、混凝土底基的地面上即可。其铺卷方便、适于运输且有非常强的适应性，室内、室外甚至屋顶都可采用。地毯网球场在保养上也是非常简单的，只要保持地面清洁，不破损、不积水（要与相应的排水设施配套）即可。地毯性能均匀，球在上面的弹跳是规则的，对发球技术好的运动员更具优势。地毯还有很大的摩擦力，球速会比硬地表面慢。底线型选手在这种场地也能有很好的发挥。

二、网球场地的管理维护

在网球场地的管理维护方面，除了要让众多的网球爱好者遵守进场须知，了解维护场地的注意事项外，还有一些具体的维护管理工作需要专业人员进行处理。主要包括草地网球场的日常管理与维护、硬地网球场的日常管理与维护以及红土网球场地的日常管理与维护三个方面。

（一）草地网球场的日常管理与维护

草地网球场需要极周到、细致的保养与维护，且费用昂贵，其日常管理与维护需要做到以下几个方面。

（1）场地平整，及时清理场地表面的垃圾，保持场地整洁。

（2）对于场地破损处，要及时进行维护。

（3）定期适当喷水，并定期检查排水系统。

（4）每日定时清扫场地上的浮尘和树叶等杂物。

（5）定期清理球场设施，包括网架、座椅等。

（6）加强对网球场的各种器械设施的保养，对破损或不能正常使用的设施要及时维修或更换。

（7）其他维护工作。

（二）硬地网球场的日常管理与维护

硬地网球场一般是指塑胶球场，它具有优良的耐磨、防滑等性能，其使用须注意一些注意事项和维护保养方法。

1. 使用注意事项

硬地网球场使用时的注意事项主要包括以下几项内容。

（1）禁止使用钉子鞋、高跟鞋踩踏，禁止尖锐物体接触地面。

（2）禁止在场地上乱扔烟头或口香糖，以免对场地的平整性造成影响。另外，还要避免含糖饮料的遗洒。

（3）避免接触有机溶剂和化学物品。

（4）禁止车辆在场地上行驶。

2. 维护保养方法

硬地网球场的维护保养方法主要包括以下几部分。

（1）场地冲洗。一般可以用胶皮水管直接接水冲洗，胶皮水管在使用时应准备出比较富余的长度（以场地离水源的距离为准）。

（2）场地清洁。清扫场地时可用天然草竹扫把进行清扫，避免使用尼龙丝类的扫把，因为这种扫把容易掉毛，可能会让人滑倒，而且清理困难。

（3）设立垃圾箱。每片场地均应按照需要设立垃圾箱，以便于观众和球员对自身产生的垃圾进行投放。

（4）雨雪天气后的维护。雨雪天气后用推水器推扫塑胶场地上的积水。

（5）其他维护工作。

（三）红土网球场的日常管理与维护

红土网球场的日常管理与维护内容，主要包括以下几个方面。

（1）场地平整。因为红土网球场地表铺有一层细沙红土，打球后需要对球场进行维护和平整。

（2）湿度的保持。雨天后需要用专用红土球场工具对场地进行平整、滚压，最好每天能有人维护，每天傍晚或早晨需用水喷洒场地，使场地保持一定的湿度。

（3）场地土层要求。红土球场的结构有四层：红土层、黏土层、沙石层、排水层，它们都需经常维护。另外，在北方室外冬天不能使用易冻土。

（4）防雨防晒。红土场地最好不要日晒雨淋，不打球时要用专门的塑胶层盖着，场地干了要喷水，太湿了要排湿，每块红土场地需要配备一套排水系统，盖红土的雨布须量身定制。

（5）红土的储备。进场地要穿专用的红土鞋，因为一般的鞋子纹路会带走红土。如果刮风下雨使红土流失，还需要补给，所以需要囤积红土备用。红土比较软，球速慢，不容易受伤。

参考文献

[1] 胡柏平, 郭立亚. 网球运动教程 [M]. 北京: 高等教育出版社, 2017.

[2] 李雄辉, 王萌, 刘红伟. 看图学打网球: 二维码学习版 [M]. 北京: 人民邮电出版社, 2017.

[3] 郭开强, 蒲娟, 张小娥. 网球教学 [M]. 北京: 科学出版社, 2016.

[4] 华斌. 新编网球入门与提高 [M]. 赤峰: 内蒙古科学技术出版社, 2017.

[5] 虞力宏, 楼兰萍. 网球运动 [M]. 杭州: 浙江大学出版社, 2015.

[6] 陈建强, 魏琳. 网球教学与练习 [M]. 上海: 复旦大学出版社, 2017.

[7] 谢成超, 杨学明. 大学网球教程 [M]. 北京: 化学工业出版社, 2016.

[8] 陈德志, 陈祺. 网球运动教程 [M]. 广州: 中山大学出版社, 2017.

[9] 杨旭东, 满小妮, 于天博. 网球运动的多维度分析与实战教学研究 [M]. 北京: 中国纺织出版社, 2018.

[10] 李明芝, 高淑艳, 刘积德. 乒乓球、羽毛球、网球 [M]. 北京: 清华大学出版社, 2015.

[11] 李彬. 网球: 新时尚元素 [M]. 成都: 西南交通大学出版社, 2015.

[12] 李志平, 于海强. 网球入门、提高训练与实战 [M]. 北京: 化学工业出版社, 2016.

[13] 尹树来, 蒋宏伟. 网球运动理论与实践指导 [M]. 北京: 中国书籍出版社, 2016.

[14] 张冰. 网球 [M]. 北京: 中国标准出版社, 2014.

[15] 程杰, 郭立亚, 赵月. 网球运动 [M]. 北京: 高等教育出版社, 2018.

[16] 李雄辉, 王萌, 刘红伟. 看图学打网球 [M]. 北京: 人民邮电出版社, 2015.

[17] 罗晓洁. 网球技术与教法 [M]. 上海: 同济大学出版社, 2016.

[18] 周海雄, 张剑峰, 王凯军, 等. 网球竞赛技术手册 [M]. 北京: 人民体育出版社, 2014.

[19] 吴松伟. 网球运动简明教程 [M]. 北京: 知识产权出版社, 2016.

[20] 周洪生. 网球 [M]. 长春: 吉林文史出版社, 2015.

[21] 付超, 邱振宇. 网球运动 [M]. 天津: 天津大学出版社, 2014.

[22] 孟霞. 现代网球竞赛概论 [M]. 北京：中央编译出版社，2015.

[23] 于志华. 网球初学者类比学习与外显学习的协同效应 [M]. 广州：世界图书出版广东有限公司，2017.

[24] 王泽刚. 网球运动实训教程 [M]. 武汉：武汉大学出版社，2016.

[25] 刘晓树. 体力与意志的结合：网球 [M]. 南昌：二十一世纪出版社，2014.

[26] 盛文林. 网球：体力与意志的结合 [M]. 北京：台海出版社，2014.

[27] 董杰. 网球竞赛裁判工作手册 [M]. 北京：高等教育出版社，2016.

[28] 万庆华. 大众网球 [M]. 长沙：湖南文艺出版社，2014.

[29] 白波，周文胜，闫美怡. 网球快速入门与实战技术 [M]. 成都：成都时代出版社，2014.

[30] 殷剑巍，万建斌，黄珊. 网球裁判法解析 [M]. 北京：人民体育出版社，2015.

[31] 袁运平，戴名辉. 网球运动实用体能训练 [M]. 北京：水利水电出版社，2019.

[32] 安东. 网球制胜：实用技战术图解 [M]. 北京：人民邮电出版社，2015.

[33] 于天博. 科学视阈下网球运动教学实践阐析 [M]. 北京：中国纺织出版社，2018.

[34] 李海. 网球运动教学系统分析与创新研究 [M]. 北京：中国纺织出版社，2018.

[35] 杨志华，杨玉荣. 零成本健身计划：网球入门详解 [M]. 北京：化学工业出版社，2014.

[36] 韩春远. 中国青少年网球体能训练指南 [M]. 广州：广东高等教育出版社，2018.

[37] 北京中国网球公开赛体育推广有限公司青训项目组，清华附中神龙体育俱乐部. 网球图解教程：青少年网球训练指南 [M]. 北京：清华大学出版社，2019.

[38] 周洪生. 最受欢迎的全民健身项目指导用书：网球 [M]. 长春：吉林文史出版社.

[39] 中国网球协会. 网球竞赛规则（2016）[M]. 北京：人民体育出版社，2016.

[40] 陈佩杰，唐炎. 青少年网球运动技能等级标准与测试方法 [M]. 北京：科学出本社，2018.

[41] 赵月. 网球少年成长路线图 [M]. 北京：知识产权出版社，2017.

［42］张景．网球学［M］．郑州：中原农民出版社，2017．

［43］刘同众．看图学打网球［M］．合肥：安徽科学技术出版社，2017．

［44］谢成超，杨学明．大学网球教程［M］．北京：化学工业出版社，2016．

［45］熊建设．网球［M］．重庆：重庆大学出版社，2018．

［46］尤莉蓉．高校网球运动价值挖掘与大学生成长研究［M］．北京：水利水电出版社，2017．

［47］高徐，张向乐，冉孟刚．网球［M］．北京：北京师范大学出版社，2013．

［48］王伟．高校网球运动开展与教学方法研究［M］．北京：中国原子能出版社，2016．

［49］刘宗林．论高校校园网球文化建设［J］．佳木斯职业学院学报，2019（05）．

［50］皇甫尚锋．新时期高校网球文化发展分析［J］．青少年体育，2018（08）：133-134．

［51］田小建．高校竞技网球运动与校园体育文化建设契合的SWOT分析及对策研究［J］．哈尔滨体育学院学报，2017（03）：87-91．

［52］孔祥宁．高度的文化自觉，助推高校校园体育文化建设：以拓展网球运动文化为例［J］．商丘师范学院学报，2017（06）：85-88．

［53］王乔亮．高校网球文化对大学生素质教育的影响［J］．运动，2017（06）：89-90．

［54］张丹．试论影响大学生网球联赛的相关因素及应对措施［J］．科技经济导刊，2017（02）：241．

［55］李娜．短式网球在校园的可操作性探析［J］．中国农村教育，2019（18）：61．

［56］李龄松．网球非常规技术训练研究：基于反向击球技术［J］．体育世界（学术版），2019（05）：22-24．

［57］梁志翔．浅谈网球运动中进攻和防守之间的矛盾关系［J］．体育科技文献通报，2019（06）：63-65．

［58］王昳雯．优秀网球双打搭档选择的新思考［J］．体育科技文献通报，2019（06）：72-73．

［59］库雪婷．网球运动员生理机能指标的评定及应用［J］．体育科技文献通报，2019（06）：164-167．

［60］吴强．网球教学中错误动作的预防与纠正［J］．中国多媒体与网络教学学报（上旬刊），2019（06）．

［61］黄伟，卢方群．基于运动损伤的青少年网球运动员功能性筛查的实证研究［J］．青少年体育，2019（05）：75-76．

［62］於金星．网球发球中的力学研究与应用［J］．当代体育科技，2019（15）：18-24．

［63］王雪超．网球运动供能特征与运动性疲劳的恢复［J］．当代体育科技，2019（14）：18-19．

［64］孙玉龙，赵倩，左建玲．步法训练在高校网球教学中的应用［J］．体育世界（学术版），2019（04）：135-137．

［65］韦闯，许新．分层教学模式下高职院校网球课堂教学的改革与研究［J］．体育科技，2019（02）：163-164．

［66］张永平．大众网球赛事规则发展趋势探析［J］．运动，2018（17）：46-47+49．

［67］王昀博，张有明．基于"互联网+"的高校网球课外运动组织与发展对策研究［J］．南方农机，2019（02）：119．

［68］赵迅．压力训练法对青少年网球运动员的影响研究［D］．石家庄：河北师范大学，2019．

［69］刘伟．基于SWOT原理对福建省普通高校网球运动的软硬环境分析与对策研究［D］．福建：福建师范大学，2017．

［70］刘朋溪．高校校园网球运动的文化建设研究［D］．北京：北京体育大学，2018．